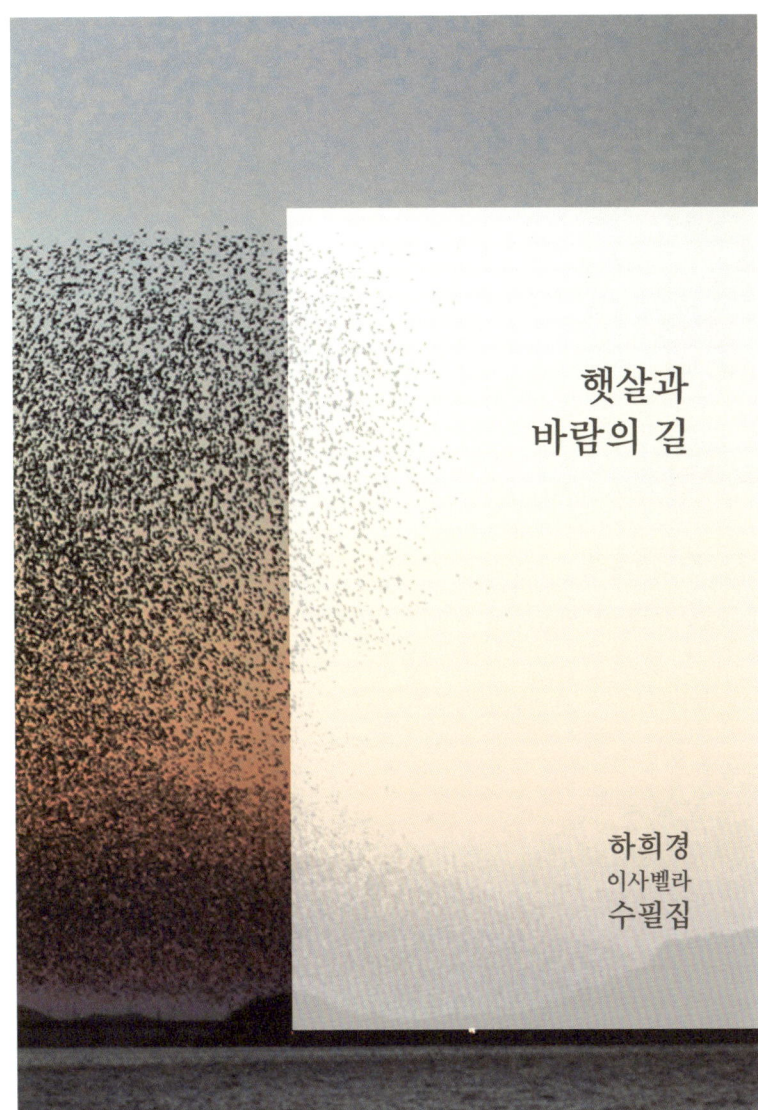

# 햇살과
# 바람의 길

하희경
이사벨라
수필집

## 제1부 조각보 맞추듯

| | |
|---|---|
| 에움길에서 | 9 |
| '만약에'라는 주문 | 13 |
| 여름이 남긴 질문 | 16 |
| 가을 하늘이 예쁘다 | 18 |
| 깨끼바느질 | 22 |
| 꽃이 피기까지 | 25 |
| 햇살과 바람의 길 | 28 |
| 멍게의 선택 | 32 |
| 한 방 먹이고 싶다 | 35 |
| 발소리 말소리 바람소리 | 39 |
| 어떻게 살아야 할까 | 42 |
| 다시 만난다면 | 45 |

## 제2부 여린 초록 잎이 손을 내밀고

| | |
|---|---|
| 내가 좋아하는 것들 | 51 |
| 뎅, 뎅, 뎅, 오뎅 | 55 |
| 생강엿 | 58 |
| 수박화채 | 63 |
| 간고등어처럼 | 66 |
| 쌍화차 한 잔 | 69 |
| 63쪽에서 잠시 휴식 | 75 |
| 그 순간을 보고 싶다 | 78 |
| 횡설수설 | 82 |
| 크레센도 | 86 |
| 귀여운 폭포 | 89 |
| 친절한 씨앗 | 92 |

## 제3부 속이 보이지 않는 강

민들레 옆에서 · 97

한 끗 차이 · 100

빛바랜 사진 한 장 · 103

눈물꽃 · 107

작은 선택 · 110

우리 아직은 그리움이 되지 말자 · 114

백일몽 · 117

거울 앞의 그녀 · 120

내 탓이오 · 123

손을 놓고 싶다 · 126

약속이 되지 못한 약속 · 129

하얀 모란이 젖던 날 · 133

## 제4부 파도가 밀려와 몸을 적셔도

아들을 만났다      139

집이 부른다      143

바닷가에서      147

난달에 선 너에게      151

기도하는 할머니      156

풍선덩굴에는      160

배웅      164

정말 사주 때문일까      167

남편 구독하기      172

이걸 어쩌나      176

그들은 잘 살고 있을까      180

늦게 핀 인사      184

## 하희경 수필집 발문

하희경 수필의 자기 해체가 주는 감동　　　189
-김영훈(작가·문학박사·국제펜한국본부대전지회장)

제1부

조각보 맞추듯

## 에움길에서

　화암 사거리 정류장에서 버스를 기다리는 중이다. 오후 한 시, 정해진 시간에 늦지 않으려고 오전 열한 시에 집을 나섰다. 인터넷에서 한 시간 사분이 걸린다고 했지만 걷고 환승하는 시간까지 계산해서 여유 있게 출발했다. 정류장에는 의자와 버스 노선을 알리는 안내문만 한 장 붙어 있고 아무것도 없었다. 심지어 도착 시간 안내판도 보이지 않았다. 기약 없는 버스를 기다리고 있자니 공연히 조바심이 났다.

　안내문에는 두 개의 시내버스와 마을버스 하나가 경유한다고 적혀 있었다. 그중 하나만 내 목적지로 간다는 걸 알았다. 얼마나 기다렸을까. 저만치 버스가 보였다. 번호가 보이지 않아 가까이 올 때까지 기다렸다. 타야 할 버스가 아니었다. 한 대 두 대 다시 한 대, 같은 번호 버스가 연거푸 지나도록 기다리는 918번 버스는 오지 않았다. 빈 택시도 보이지 않았다. '대략 난감'이라는 말을 이럴 때 써야 하는 걸까. 햇볕이 너무 따갑게 느껴졌다.

　드디어 버스가 왔다. 땡볕에 익어가던 몸을 냉방이 잘 된 버스에 실으니 살 것 같았다. 의자에 앉자마자 나도 모르게 한숨이 나왔다. 어떤 경우에도 한숨은 쉬지 않기로 결심했는데, 이 순간 '휴' 하고 새어 나오는 것은 무슨 의미일까. 안도일까. 아니면 너무 늦은 것들에 대한 안타까움일까.

　버스는 이내 굽은 길로 접어들었다. 자가용으로 삼십 분이면 될 거리를 어지간히 돌아서 가는 중이다. 하긴 빙 돌아가는 것이 비단 오늘뿐인가. 빨리 가는 방법을 알아도 자가용이 없어 빙 돌아가는 지금처럼, 인생길도 굽이굽이 돌아왔다. 변두리에서 길을 잃지 않기 위해 꼬물거리던 시간이 꿈만 같다. 세상 그 많은 길 중에서 어찌 그리 에움길로만 걸었는지 알다가도 모를 일이다.

2018년 여름, 눈에서 혈관이 터졌다. 흔히 말하는 중풍이 눈으로 왔다. 현대 사회에서 보면 아직 젊고 충분히 활동할 수 있는 오십 대 중반이었다. 느닷없는 일이라고, 억울하다고 말하고 싶지만 그렇지 않다는 걸 스스로 잘 알고 있다. 이미 몇 년 전부터 몸이 보내는 신호를 무시했으니 변명의 여지는커녕, 누군가를 원망할 수도 없었다.

무식할 정도로 일에 빠져 살았다. 그럴 수밖에 없었다지만 글쎄, 정말 그랬을까? 일에 치여 정신없던 어느 날, 갑자기 팔에 힘이 빠져 잡았던 물건을 놓치기 시작했다. 그날부터 상황은 점점 더 나빠졌다. 몸이 중심을 잡지 못해 넘어지는 일이 잦아지고, 똑바로 걷는 일이 쉽지 않았다. 저녁엔 손과 발에 쥐가 나서 잠자기 힘들었다. 하고자 하는 말이 입안에서 맴돌기만 하고 말이 되어 나오지 않았다. 머릿속에선 수시로 폭죽이 터지고 어지러웠다.

불안한 마음에 가족에게 말했지만 도움은 받지 못했다. "시원찮기는, 네가 하는 일이 뭐가 그리 힘들다고", "아직 쉴 때가 아니야. 조금만 더 힘내자." 정말 내가 시원찮아서 그런 줄 알았다. 잠시 쉬고 싶다는 말도 꿀꺽 삼키고 응급조치만 하면서 지냈다. 머리 아프면 두통약 먹고, 팔다리가 저리면 온탕에 몸을 담았다. 어지러우면 주저앉아 흔들리는 세상이 가라앉기를 기다렸다. 얼마나 바보 같은 짓이었는지…….

중풍은 많은 변화를 가져왔다. 먼저 오른쪽 시신경이 반 이상 죽어서 실명을 늦추는 치료를 시작했다. 언제까지 하면 낫는다는 보장도 없는 치료를 위해 병원을 내 집처럼 들락거렸다. 가뜩이나 시원찮은 기억력이 더 형편없어졌다. 어제 한 일을 오늘 잊고, 잘 알고 지내는 사람의 얼굴과 이름이 따로 놀았다. 일찍 늙어버린 혈관이 여기저기 염증을 실어 날랐다. 무릎에서 허리로, 발바닥에서 손가락으로, 염증은 쉬지 않고 나를 휘둘렀다. 발 딛는 곳마다 돌멩이는 어찌 그리 많던지 툭하면 넘어졌다.

바람이 일었다. 남편에 대한 믿음은 먼지가 되고, 가족에 대한 기대가 사막의 신기루처럼 멀어졌다. 황량한 들판에 던져진 것 같았다. 회오리바람 속에서 나는 무엇을 위해 살았는지 돌아보았다. 언제나, 누구에게나 최선을 다했다. 날 필요로 하는 사람을 외면하지 않았다. 만나는 인연 하나하나 정성을 다했다. 그들에게 작은 도움이라도 되기 위해 노력했다. 내가 죽을 만큼 힘들어도, 나보다 더 힘든 이들이 먼저 눈에 들어왔다. 그들에 대한 연민이 나를 가만두지 않았다. 왜 그랬을까.

부모가 세상에 민폐만 끼치던 모습을 보고 자랐다. 습한 곳에서 피는 곰팡이처럼 생활은 퀴퀴했다. 나만은 그러지 않겠다고, 어떻게든 부모와 다른 삶을 살겠다고 다짐했다. 세상에 보탬이 되는 인간이 되고 싶었다. 쉽지 않았다. 툭하면 넘어지고 상처 입었다. 그럴 때마다 아무렇지 않은 척 다시 일어났다. 가진 게 없어 하나뿐인 몸을 닦달했다

신호를 못 알아채는 내가 답답했을까. 몸이 끝내 결론을 내렸다. 이제

그만 정신없이 내달리던 걸음 멈추고, 잠시 쉬어가라고. 지나고 보니 후회가 수북하다. 남을 위한답시고 나를 팽개쳐 둔 일, 해야 될 일과 할 수 있는 일을 구분 못하고 무작정 달려들던 순간들. 중요한 건 제쳐두고 사소한 것에 얽매여 살았다. 다른 사람들에게, 부모와 나는 다르다는 걸 증명하려고 동동거렸다.

질병으로 인해 일을 그만둔 뒤 맞이한 날들은 낯설었다. 자투리 시간까지 활용하던 나에게 남아도는 시간은 처치 곤란이었다. 오랫동안 덮어두었던 감정들을 들여다보았다. 부모님과 함께했던 다크초콜릿 같은 순간들, 믿었던 남편과 가족에 대한 실망, 살기 위해 걸어온 길이 꼬물거렸다. 바라보는 길마다 후회가 낙엽처럼 뒹굴었다. 남아 있는 날마저 후회하면서 살고 싶지 않았다.

   마음속으로만 꿈꾸던 공부를 시작했다. 달라진 신체 조건으로 쉽지 않았지만 하는 데까지 해보자 마음먹었다. 매 학기 시작할 때마다 계속 할까 말까 고민하면서 3학년이 되었다. 이제야 마음이 조금 단단해졌나 보다. 다시 꿈을 꾼다. 지난날의 나처럼, 누군가 지금 힘들어하는 이가 있다면 손잡아 주고 싶다. '힘들지? 괜찮아. 내가 너와 함께 할게.' 그 말을 건네기 위해, 그런 사람이 되기 위해 난 오늘도 에움길을 달린다.

   마침내 목적지에 도착했다. 한 시간 사 분이면 된다던 이동시간이 한 시간 사십 분 걸렸다. 일찍 나선 나를 칭찬하듯 한국방송통신대학교 건물이 환하게 웃는다. 돌아서 왔지만 늦지는 않았다. 에움길 끝에서야 비로소, 내 길이 곧아진다.

# '만약에'라는 주문

오랜만에 컴퓨터 앞에 앉았다. 매일 글을 쓰겠다는 나와의 약속을 어기고 올해 들어, 겨우 두 번째 쓰는 글이다. 쉬지 않고 속살거리던 말들이 다 빠져나간 건 아니다. 아직도 무수히 많은 말이 내 안에서 꼬무락거린다. 습하고 무더운 여름날, 나무 그루터기 아래에 있는 나비 사체에 개미 달라붙듯이, 글자들이 버둥거리고 있다. 미처 날개를 달지 못한 말들이 거듭나기 위한 시간을 손가락 꼽고 있다.

지금 나는 뭔가에 집중하지 못하고 혼란스럽다. 상상해 보라. 몇 년 아니 몇십 년 동안 집어넣기만 했지, 정리하지 못한 다락방을 말이다. 철들기 전부터 무엇이든 다락방에 던졌다. 언제, 어느 장소에서, 어떤 쓰임이 있을지 몰라 쟁이기만 한 글자들이 다락방에 뒤죽박죽 엉켜 있다. 가득 차면 발로 꾹꾹 눌러 작은 공간을 만들고 또다시 쌓는 일을 반복했다.

글자라고 여겨지는 건, 걸신들린 아귀처럼 집어삼켰다. 소화되거나 말거나 신경 쓰지 않았다. 어떻게 해야 발효되는지, 어느 구석에서 썩지는 않는지, 생각할 겨를 없이 삼킨 말들이 머릿속에서 발버둥을 쳤다. 틈만 나면 글자 찾아 종종거리는 나를 보고 어떤 사람들은 "만약에 시대를 잘 만났더라면, 만약에 부모를 잘 만났더라면……, 아깝다."라고 말했다. 딱히 그 말 때문은 아니지만, 나는 제법 긴 시간을 '만약에'라는 주문에 걸려 지냈다.

어쩌면 나는 파랑새 찾아 세계를 돌아다니던 '틸틸과 미틸' 남매 중 하나일지도 모른다. 크리스마스이브에 파랑새를 찾아 헤매는 꿈을 꾸다가 깨어나, 내내 집안에 있던 비둘기가 파랑새였다는 걸 알아보는 동화 속 주인공처럼 '만약에'라는 단어는 나에게 있어 만나야만 하는 파랑새였다. 아니, 그건 내가 꼭 이루어야 할 신탁이나 다름없었다.

주목할 것은 '만약에'라는 단어가 가진 이중성이다. 나라는 사람에게 '만약에'라는 날개를 덧붙여 생각해 보았다. 사람들 말처럼 시대를 잘 만났더라면, 어떤 사람이 되었을까. 만약에 1960년대가 아닌 그보다 오십 년 전, 백 년 전에 태어났다면. 아니, 1980년대나 2000년대에 태어났다면 어떤 삶을 살았을까. 부모 잘 만나 순탄하게 자라고 평범한 인생길을 걷는다면 또 어땠을까. 반대로, 현실보다 더한 최악의 부모를 만나 처한 상황에서 벗어날 꿈도 꾸지 못했다면 어떻게 됐을까.

'만약에'라는 말의 열렬한 신자로 살았다. 만약에, 내가 처한 현실에서 그 누구도 상상하지 못한, 보다 나은 결과를 만들어낸다면. 남의 호의로 살던 찢어지게 가난한 아이가 부자가 되어 더 많은 베풂을 한다면. 혹여 악마의 자식은 아닐까 의심스러운 태생이 천사처럼 산다면. 일자무식이나 다름없던 꼬맹이가 누군가의 길잡이가 될 수 있는 지식인이 된다면. 그렇게 무수히 많은 '만약에'가 나를 휘둘렀다. '만약에'라는 단어 때문에 잠시 숨 돌릴 틈도 없이 시간을 쪼개가며 살았다. 좀 더 높게 좀 더 먼 곳을 보면서 '만약에'를 중얼거리며 달렸다.

방송대 졸업하게 되면서 내친김에 대학원까지 갈까 잠시 고민했다. 공부를 계속하고 싶었다. 석사가 되고 박사가 되어 보란 듯이 날개를 펼치고 싶었다. 나를 아는 모든 사람에게 개천에서 난 용이 어디까지 날아오르는지 보여주고 싶었다. 그러다가 '만약에'를 떠올렸다. 만약에, 박사과정을 마치고 원하던 선생님이 된다면 나는 행복할까. 내가 정말 원하는 것이 그것인지 확신할 수 없었다. 단순히 못 배운 것에 대한 보상심리는 아닌지. 술에 취한 아버지를 끌다시피 집으로 모시고 갈 때 손가락질하던 동네 사람들에게, 나라는 인간이 사는 모습을 보여주고 싶은 욕망은 아닌지. 어머니가 그토록 뽑아버리려던 잡초가 이렇게 꽃을 피웠다고 뽐내고 싶은 건 아니었는지…….

 끊임없이 나를 채찍질하며 살았다. 아무것도 없는 상황에서 살아남기 위한 선택이었지만, 가만히 앉아 자신을 들여다보는 게 어려웠다. 그저 눈 뜨면 오늘 할 일이 무엇인지만 생각했다. 이제 잠시 멈춰야겠다. '만약에'라는 단어의 굴레에서 벗어나 나를 보살펴야겠다.
 내 삶의 문법을 바꿔 봐야겠다. 가정법으로만 시작되던 문장을, 현재형의 직설법으로 옮긴다. "만약에 내가…" 대신 "나는 지금…"으로. 파랑새는 밖이 아니라 책상 불빛 아래, 정리된 한 문단 위에 내려앉는다는 것을, 이제는 안다. 가만히 앉아 내 안에서 들려오는 말에 귀 기울이면서 나만의 색깔을 찾아야겠다. 오늘 나는 다락에서 한 상자를 내려와 이름을 붙인다. 그 이름은 '만약에'가 아니라 '지금'이다.

## 여름이 남긴 질문

해마다 여름은 앙금을 조금씩 남겼다가 어느 날 한꺼번에 쏟아낸다. 용솟음치는 마그마를 품은 뜨거운 바람이 도시를 가로지른다. 바람결에서 열다섯 여름에 씹다만 껌이 빛바랜 향기로 아른거린다. 눅진한 껌을 벽에 붙였다 떼는 동안 스무 살과 마흔을 지나 예순이 되었다. 짧지도 길지도 않은 육십 년, 온전한 나로 산 건 언제였는지 바람이 묻는다.

바람 부는 길에서 시시때때로 옷을 갈아입었다. 매 순간 옷에 맞게끔 행동했다. 딸이었다가 아내가 되고, 며느리에서 할머니가 되었다. 어느 한때 놓치지 않고 최선을 다한 것 같은데, 잘못 살았다는 생각이 드는 건 왜일까. 어쩌면 그 모든 순간에 내가 빠져 있었기 때문일지 모른다.

내가 누군가의 딸이었을 때, 그들의 딸이 아니길 원했다. 주정뱅이 아버지가 부끄러웠고 바람막이가 되어주지 않는 어머니가 싫었다. 20여 년의 시간을, 난 그들의 딸이 아니길 바라는 마음을 꼭꼭 숨기고 살았다. 괜찮은 척 그들을 먹여 살리며 착한 딸이라는 거짓의 옷을 입었다.

내가 선택한 남자, 가정보다는 타인을 먼저 챙기는 천사 같은 남자가 싫었다. 하지만 내색하지 않고 나도 같이 천사인 척했다. 그에게는 보너스도 있었다. 부수적이어야 할 그녀가 주축이 되고 꿈꾸던 가정은 먼바다를 떠도는 난파선이 되었다. 제멋대로 흘러가는 바람에 내 마음은 꼭꼭 숨긴 채 그의 그림자로 살았다.

거짓으로 살아온 시간이 남긴 것은 무엇일까. 문득, 그 여정을 지켜본 이가 있을지 궁금해진다. 있다면 누구일까. 그는 내 발자국에 고여 있는 눈물샘을 보았을까. 가슴 부여잡고 안간힘 쓰던 순간들을 어딘가에 기록해 두었을까. 때때로 멈춰 서서 밑줄 그은 순간들이, 그에겐 어떤 모습으로 비쳤을까. 웃을 일 없던 아이가 잘 웃는 어른이 되기까지의 과정을 지켜보면서 가슴을 졸였을까. 최소한의 간섭조차 하지 않고 묵묵히 지켜만 보는 심정은 어떠했을까. 어리바리한 내가 바람에 나뒹구는 걸 보면서 아주 잠깐 손을 내밀어 주고 싶진 않았을까.

열렬한 신자는 아니지만 내 삶을 주관하는 분이 따로 있음은 분명히 안다. 다만 조금은 얄궂은 그의 처사가 마음에 들지 않을 뿐. 언젠가 그를 만나면 묻고 싶다. 나를 세상에 내보내고 어떤 결과를 원했는지 말이다. 문득 그에게 나에 대한 이야기를 들려 달라 하면 어떤 말이 튀어나올지 궁금하다. 삶의 여정에서 내가 느낀 것과 그가 지켜본 나는 같은 비중일까. 아니, 어쩌면 유난히 힘들게 여겼던 어린 시절이 그에게는 어리광부리는 아이처럼 별일 아닐지도 모르겠다.

이제 질문의 방향을 바꾼다. '누가 나를 보았는가'에서 '내가 나를 어떻게 볼 것인가'로. 착한 딸과 천사인 척의 옷을 옷장 깊숙이 개어 넣고, 내 이름을 단 맨몸의 나로 선다. 여름마다 남은 껍자국 같은 앙금은 빗물에 불려 떼어내고, 그 자리엔 내가 고른 문장으로 밑줄을 긋겠다. 언젠가 그분을 만나면 이렇게 말하리라. 당신의 기록과 별개로, 나는 내 삶의 첫 독자이자 마지막 증인이었다고.

## 가을 하늘이 예쁘다

'성인지적 관점에서의 불평등'이란 말을 들었다. 방송대 수업 시간에서였다. 듣고 보니 이론은 몰랐지만 실생활에서는 제대로 경험했다는 걸 알았다. 그건 여자와 남자는 다르다고 끊임없이 주입하던 부모님 때문이었다. 옳고 그름이 뭔지도 모르는 어린아이 때부터 세뇌당했다. 정확히는 몰라도 이건 아닌데 싶을 때마다 불만을 토로했지만 부모님의 방식은 완강했다. 결국 부모님 말씀대로 여자로 태어난 이상 당연한 걸로 받아들이며 순종적인 여자로 길들여졌다.

나의 존재 가치를 알기 전에 "여자는 입 다물고 부모가 시키는 대로 해야 한다."라는 말부터 배웠다. 쉬지 않고 남자와 여자는 살아가는 방식이 다르다는 걸 되뇌어야 했다. 초등학교도 들어가지 않았을 때 남동생 옷을 넘어갔다고 "어디 여자가 남자 옷을 타고 넘느냐"라며 호되게 매질 당한 적도 있다. 일상의 크고 작은 모든 것이 남녀 차별이었다. 먹을 것이 부족해 굶는 내 앞에서 남동생은 아버지와 한상에서 밥을 먹었다. 잠자리 역시 마찬가지였다. 단칸방이라도 동생은 부모님 곁에서 단꿈을 꾸지만, 나는 다락방에서 먼지 쌓인 보따리를 끌어안고 잤다. 다락방은 냉골이라 밤마다 시린 발을 번갈아 종아리에 대고 녹여야 했던 기억이 시리게 남아 있다.

어느 날 끊임없이 여자는 쓸모없다던 부모님이 달라졌다. 초등학교 졸업식을 앞두고 겨울방학이 시작할 무렵이었다. 부모님은 남동생을 가르치기 위해 여자인 내가 일해야 한다고 했다. 말 잘 들어야 착한 딸이고 사랑받을 수 있다며, 원래 여자아이는 낳아 놓으면 집안을 먹여 살리는 거라는 말도 함께 했다. 착한 딸이 되어야 사랑받는다는 말은 그날부터 내 삶의 지표가 되었다. 철들기 전부터 길들여진 나는 새털같이 많은 날을 사랑받기 위해 노력했다.

 부모님이 건네준 사고방식은 결혼해서도 힘을 잃지 않았다. 남편은 남자니까 하늘이었다. 하늘에 햇살이 창창하든, 빗방울이 난무하든, 인간은 감히 어쩌지 못하는 것처럼, 때로는 그가 하는 일이 마음에 들지 않아도 무조건 순종했다. 내 어머니 못지않게 시어머니 역시 남아선호 사상이 강한 분이었다. 며느리를 품삯 안주는 일꾼 정도로 여기며, 여자는 사람 취급을 하지 않았다. 난 시어머니의 납득하기 어려운 행동에도 입 다물고 지냈다. 누가 시켜서가 아니라, 오랜 습관이 자동으로 나를 그리 움직였다.

 한동안 작은 슈퍼를 운영한 적이 있다. 아침 5시면 일어나 가게 문을 연 뒤 물건 진열하고, 손님을 받았다. 종일 바쁘게 지내다가 오후 7시쯤 남편과 교대했다. 그 시간은 나의 퇴근이면서 또 다른 출근이었다. 집에 가자마자 밀린 설거지에 청소와 빨래, 다음날 식구들이 먹을 음식을 준비해야 하기 때문이다. 그러다 보면 잠잘 시간이었다. 새벽부터 늦은 밤까지 쉴 새 없이 종종거리면서도 남편과 집안일을 분담할 생각은 하지 못했다.

 아니, 생각은 있었지만 겨우겨우 움직일 만큼 피곤한 몸으로 남편과 실랑이를 할 기력이 없었다. 나를 도와달라고 구걸하듯이 말해야 하는 게 싫었다. 신경만 쓰면 머리 아프다는 남편에게 내조를 제대로 못 하는 건 아닌가 하는 생각까지 하면서 정작 나를 아끼지 않았다. 그렇게 어려서부터 '여자라면'이라는 말에 길이 든 나는 아무런 생각 없이 주변 사람들이 바라는 대로 살았다.

뒤늦게 '성인지적 관점'이라는 말을 알게 되면서 이런저런 생각을 해 봤다. 지나간 일들이 영화 필름처럼 돌아갔다. 새삼스레 그때 당당하게 남편에게 요구할 걸 하는 후회가 밀려들었다. 옆에서 태평하니 텔레비전에 빠져 있는 남편을 바라봤다. 명절이나 제사 때, 가게 일과 음식 장만으로 정신없이 바쁠 때도 남편은 지금처럼 텔레비전을 보고 있었다. 갑자기 부아가 치밀어 올랐다. 남편에게 말을 걸었다.

"예전에 우리 가게 할 때 말이야. 종일 가게에서 종종거리고 집에서도 쉬지 못했잖아. 둘이 같이 일하니까 집안일도 나눠서 하는 게 당연한데, 혼자 하느라고 어찌나 힘들던지. 지금 생각하면 참 미련하게 살았구나 싶어. 도와줄 생각도 하지 않던 당신이 참 미웠는데도 말 못 하고 혼자 끙끙거린 게 병을 키웠나 봐."

"그러게, 내가 왜 그랬을까? 지금 같으면 안 그럴 텐데."

남편은 여전히 텔레비전에 시선을 두고 건성으로 받아넘겼다. 미안했다는 말 한마디 없이. 아이였다면 뒤통수라도 한 대 탁 치고 싶은데 그냥 웃고 말았다. 따지고 보면 내가 남편을 그렇게 길들인 셈이니 누굴 원망할까. 어린 시절 백지와도 같은 내게 남자와 여자의 길이 다르다고 가르친 부모님을 탓할까. 부모님 역시 그들의 부모로부터 배운 대로 나를 가르쳤을 것이다. 남편이 시어머니에게서 남자는 하늘이라고 배웠고, 그렇게 살아온 것처럼.

 살아온 날들이 살아갈 날보다 더 많은 나이가 되었다. 가끔은 지난날들이 억울해 바락바락 소리라도 지르고 싶다. 하지만, 오늘은 가을 하늘이 너무 예쁘다. 한 자락 떼어내 이불 한 채 만들고 싶을 정도로 새털구름이 하늘을 수놓고 있다. 저렇게 햇살 가득한 구름 이불 덮으면 오래도록 서걱거리던 밤들이 눈 녹듯이 사라질지도 모르겠다.

## 깨끼바느질*

한복 만드는 일이 재미있었다. 손끝에서 한 벌의 옷이 탄생하는 게 신기했다. 지금보다 젊을 때였다. 남편이 성당 활동을 열심히 하면서 종종 옷차림에 신경 써야 할 경우가 생겼다. 양복을 한 벌 장만했지만, 고기도 먹어본 사람이 잘 먹는다는 말처럼 남편의 양복 차림은 영 어울리지 않았다. 게다가 평소와 다른 차림새에 불편해하는 걸 보면서, 생활 한복을 만들어 주고 싶어 바늘을 들었다.

지금이야 흔하지만 삼십여 년 전에는 돈이 있어도 마음에 드는 생활 한복을 구하기 어려웠다. 생활 한복을 사려면 일 년에 한두 번 집안 행사 차 서울 갔을 때 인사동에 들려야 했다. 게다가 괜찮은 생활 한복은 가격이 비쌌다. 겨우 돈에 맞춰 산 옷은 마치 옛날 머슴들이나 스님이 입는 옷처럼 빈한해 보여서인지 남편 반응이 시큰둥했다.

그 무렵 도마동 여성회관에서 한복 만들기 강좌가 열린다는 소식을 들었다. 기본적으로 한복을 만들면 생활 한복은 거뜬히 만들겠다는 계산이 섰다. 강습료도 저렴하니 좋은 기회다 싶어 남편에게 말했다. 평소 같으면 나 혼자 나가는 걸 싫어하는 남편도 괜찮은 생각이라고 해서 열심히 배웠다.

아주 꼬맹이 때 봉제공장에서 재봉사 보조를 한 적이 있다. 열심히

* 시접이 보이지 않게 곱솔로 박은 뒤, 시접을 전부 잘라내는 것을 말하며 정성이 많이 들어가는 바느질.

해서 재봉사가 되려 했지만 아버지 변덕으로 다른 공장으로 옮기는 바람에 재봉질은 배우지 못했다. 그랬던 내가 바늘을 잡고 한복 만들기에 도전 한 것이다. 시침질부터 시작해 버선과 속옷, 저고리와 치마, 남자 조끼와 마고자, 바지, 두루마기, 혼례식에 입던 활옷과 원삼까지 배우면서 나에게 제법 손재주가 있다는 것도 알게 되었다.

 강좌를 다니는 내내 집에서도 틈틈이 생활 한복을 만들었다. 한복지만 아니라 양장지까지 여러 가지 천으로 시도해 보았다. 다른 사람은 어떤지 몰라도 나는 실크나 모시 같은 천으로 만든 것이 마음에 들었다. 속이 비치는 얇은 천으로 옷을 만들 땐 깨끼바느질을 해야 해서 손이 더 가지만, 일반 양장지로 만든 것보다 훨씬 고급스럽고 예뻤다.

 가족에게 옷을 지어 입히는 게 즐거웠다. 성격이 차분하지 못해 끝마무리를 대충할 때도 있지만 손수 만드는 기쁨이 커서 힘든 줄 몰랐다. 한복을 만들다 보면 자투리 천이 많이 나온다. 양장의 재단이 곡선이라면 한복의 재단은 직선이기 때문에 쓰지 못하는 부분이 많기 때문이다. 색깔 고운 천들이 버려지는 게 아까워 하나둘 모아 두었다가 바늘꽂이, 주머니, 조각보, 머플러 등 작은 소품을 만들어 지인들에게 선물하는 재미가 쏠쏠했다. 그중에서 가장 시간과 정성이 많이 들어가는 것은 조각보였다.

 조각보 만들 때 필요한 것은 쪼가리 천과 깨끼바느질이다. 조각보 만들기에 알맞은 천이 모시나 삼베, 실크처럼 속이 비치는 얇은 천들이기 때문이다. 천의 크기가 작고 재질이 얇아 섬세한 깨끼바느질과 인내심이 필요하다. 재료도 공정도 까다로운 조각보를 만들면 분주한 일상에 널뛰기하던 마음이 가라앉아 명상하는 효과까지 덤으로 따라온다.

완성된 조각보는 갖가지 꽃들이 피어있는 정원 같다. 작은 천들이 본연의 모습을 고집하지 않고 서로에게 녹아들어 하나의 풍경으로, 각각의 색들이 어우러져 아련한 향기를 품어 올리는 것이 그렇다. 자칫 쓸모 없어 보이는 쪼가리 천들이 저마다의 색으로 피어나 서로에게 어울려 아름답게 변신한다.

조각보 맞추듯 분주하게 살아온 날들이 흘러갔다. 늘어나는 아들 키에 맞춰 천을 재단하고, 딸아이 세례식 날에 입히려고 한복 드레스를 만들던 나는 이제 어디에도 없다. 다시는 섬세한 바느질을 할 수 없는 눈으로 조각보를 본다. 작은 천 하나 둘 모여 멋진 그림이 된 조각보가 나에게 말한다. 작고 보잘것없는 사람도 조금만 도와주면 충분히 제 몫을 할 수 있다고. 바느질 못 하는 나도 어딘가에 귀하게 쓰일 거라고, 작은 천들을 만지작거리며 흐뭇해하던 내가 웃고 있다.

## 꽃이 피기까지

　밤사이 꽃이 피었다. 한 마리 나비가 앉아 있는 것 같은 모양새가 앙증맞다. 볼수록 나비 수국이라는 이름이 잘 어울린다. 세 달 전 친구에게서 받을 때 청보라 한 점으로 피어 있던 꽃은 금세 떨어졌다. 꽃이 져도 안타까워하지 않은 건, 옆 가지에 올망졸망 매달린 꽃망울들이 제법 많아서였다. 하지만 금방일 줄 알았던 개화는 뜸만 들일 뿐 좀처럼 피지 않았다. 죽은 걸까 싶을 즈음, 불쑥 피어난 이 한 송이가 더없이 반가웠다.

　꽃 피기까지 그토록 오래 망설인 이유가 뭘까. 낯선 집에 들어와 정 붙이기 힘들었을까. 아니면 첫정을 잊지 못해 몸살이라도 한 걸까. 어쩌면, 웃자란 가지를 묻지도 않고 잘라낸 내가 얄미워서 그랬는지도 모르겠다. 분명 활짝 핀 꽃과 함께 금방이라도 터질 것 같은 꽃봉오리까지 조롱조롱 매달고 왔는데, 머뭇거린 이유가 영 오리무중이다.

　바라보면 속내를 드러낼 것 같아 한참을 들여다보았다. 문득 꽃 한 송이 피기까지의 수고는 얼마만 할까 헤아려보았다. 겨우내 파고드는 냉골 같은 추위와 뿌리까지 뽑아낼 듯 달려드는 바람에 그만 포기하고 싶었을지도 모른다. 죽자고 달려드는 햇볕에 웅크리고, 빗방울의 무게를 고스란히 받아 견디는 일 또한 쉽지 않았을 것이다. 앞이 보이지 않는 안갯속에서 속울음은 또 얼마나 했을지……. 유난히 가녀린 몸으로, 우는소리 한 번 없이 기어이 꽃을 피워낸 나비수국이 대견했다.

청보라색 나비 수국이 안갯속에 숨어 있는 꼬맹이를 부른다. 그 아버지에 그 딸이란 소리 듣기 싫어, 조그만 몸에 잔뜩 힘주고 다니던 아이. 하루도 빠지지 않고 술만 마시는 아버지를 미워하던 아이. 날이면 날마다 동네 떠나가라 치고받는 부모님이 부끄러워 쥐구멍 찾던 아이. 안간힘 다해 가슴 따뜻한 어른을 찾아다니던 아이가 가만히 고개를 든다.

초등학교 졸업식도 참석하지 못하고 일만 하던 아이가 야학에 갔다. 직장에서 상사 도움으로 이루어진 일이다. 지금은 없어진 고등공민학교라는 곳으로, 이년 후 검정고시를 보면 중학교 졸업 자격을 주는 학교였다. 교복도 책도 십시일반 도와줘서 다닐 수 있었다. 부모님은 늘 "계집애는 낳아 놓으면 부모 먹여 살리는 게 당연하다"는 분들이라 비밀리에 다녔다.

일할 때는 피곤하던 몸이 학교만 가면 신났다. 세상이 다 내 것 같았고 내딛는 걸음마다 춤을 췄다. 생각해 보면, 많아야 대여섯 살 위인 야학 선생들이 어찌나 위대해 보이던지. 그들을 사랑하고 존경했다. 부지런히 공부해서 나도 누군가에게 등대 같은 사람이 되고 싶었다. 책상 앞에 앉으면 몸에서 싱그러운 싹이 나오는 것 같았다. 하지만, 새싹은 나오자마자 땡볕에 말라버렸다. 다음 달 야근 수당이 빠져 얇아진 월급봉투를 받은 부모님이 노발대발하셨기 때문이다.

집에 쌀 떨어지고 먹을 게 없는데 공부가 다 무어냐, 계집애가 공부해서 어디 쓸려고, 동생 가르칠 생각은 안 하고, 싹수없는 짓 하고 다닌다며 야단하셨다. 몇 날이나 정신없이 휘둘리다가, 책이 찢기고 불태워진 뒤에 결국 야학을 그만두었다. 어쩔 수 없이 포기하면서 어른이 되면

반드시 공부하겠다고 다짐했다.

 생각해 보면 뼛속까지 비집고 들어오는 찬바람과 온몸을 태워버릴 것 같은 뜨거움도, 종잡을 수 없는 하늘의 변화무쌍함도, 정도의 차이는 있을망정 나에게만 있는 건 아니다. 그럼에도 어리바리한 나는 많이 외롭고 아팠다. 나만의 슬픔에 갇혀 제법 오랫동안 마음을 닫고 살았다. 어쩌다 누군가 내 안에 도사리고 있는 불행을 눈치챌까 봐 다른 사람과 눈도 마주치지 않았다. 입을 앙 다물고 땅만 보고 걸었다. 다행히, 정말 다행한 건, 끝이 보이지 않던 길고 어두운 길을 용케 빗나가지 않고 지나왔다는 사실이다.

 나비 수국이 웃는다, 요란하지 않고 나직하게. 죽은 듯이 있다가 기어이 꽃피운 나비 수국이 사랑스럽다. 어쩐지 나에게 말하는 것 같다. 너도 이제 꽃 피어도 된다고……. 문득, 코끝이 찡하고 간질거린다. 어쩌면 이제 나도 꽃 한 송이 피워낼지 모르겠다.

## 햇살과 바람의 길


잔뜩 찌푸린 하늘 아래 꽃샘바람이 난분분하다. 스물다섯 해 넘게 한 사코 외면하던 곳을 다녀오는 길이다. 간호사가 "정말 그렇게 오래간만이세요?"라며 몇 번이나 물을 정도로 산부인과와 거리를 두고 지냈다. 삼십 대 초반에 지치도록 들락거린 게 징그러워서 그랬다는 말에도, 그녀는 영 납득이 가지 않는가 보다. 마치 원시인이라도 만난 듯 신기해하는 표정이다.

안과에서 내과로, 내과에서 신경과로 병원 다니는 게 일과가 된 지도 벌써 여러 해다. 이제 산부인과까지 목록에 넣었다. 나이 들면 병원 다니는 일이 예사라지만 이건 좀 심한 게 아닌가 싶어 은근 부아가 난다. 의사가 진료 중에 했던 말이 머리에서 떠나질 않는다. "어쩌자고 몸을 그렇게 내버려뒀어요? 그건 학대입니다. 이제라도 몸을 돌보세요." 쑤석거리는 바람을 피해 시장으로 발길을 옮겼다. 좌판에 옹기종기 모여 있는 모종들이 보인다. 작달막한 모종들 사이에 껑충 웃자란 녀석이 '청양고추'라는 이름표를 달고 있다. 저렇게 어설픈 몸으로 매운 고추를 키우는가 싶어 한참 들여다봤다.

저 고추나무는 여린 몸으로 햇빛과 바람을 요리하며 하얗고 단아한 꽃을 피우다가, 꽃 진 자리에 작은 고추 매달아 가만가만 키워낼 것이다. 맨몸으로 견뎌온 햇빛과 바람이 작은 몸 어딘가에 굽이굽이 새겨져 있을지도 모른다. 구구절절한 이야기들 삭이면서 빨갛게 익어가는 고추의 시간은 어떤 것일까. 늦가을 이리저리 뒤척이며 남은 눈물 한 방울까지 쥐어짜는 고충은 참을만한지. 가위 날에 뭉텅 잘리어 금빛 사리들을 쏟아내는 붉은 몸뚱이의 마지막 순간은 또 얼마나 아득할까. 불현듯 마른 몸 부딪치며 내는 거친 숨소리가 들리는 것만 같다.

너무 깊이 생각에 잠겼을까. 잠시 눈치 보던 바람이 와락 달려들었다. 성글게 자리한 이파리들이 손사래 치며 바람을 흘겨보았다. 너무 작아 초라하기까지 한 고춧잎은 바람에 흔들리면서 무슨 생각을 할까? 어쩌면 앞으로 닥쳐올 매운 시간을 어떻게 풀어나갈지 궁리하는 건 아닐까? 어쨌거나 심을 공간도, 키울 재주도 없는 나는 이파리들의 손짓을 뒤로하고 풋고추를 한 주먹 사서 집으로 돌아왔다.

늦은 점심, 시장에서 들고 온 고추를 된장에 찍어 한 입 깨물었다. 비릿한 풋내가 온실에서 자란 고추라고 티를 낸다. 노지에서 자란 고추가 아니라는 건 알았지만 그래도 조금은 매운맛이길 기대했는데 아쉬움이 남았다. 노지 고추는 그냥 먹히기엔 억울하다며 일단 한 번 버티고 보는 강단이 있는데, 온실에서 자란 이 녀석에게는 그럴 의지가 전혀 없어 보였다.

난 고추를 좋아한다. 그것도 요즘 유행하는 오이고추라는 덩치 큰 녀석보다 매운맛으로 중무장한 청양고추를 좋아한다. 땡볕에 달아오른 고추가 알싸한 펀치를 날리는 그 순간이 좋다. 일에 지치고 사람에 지쳐 만사 귀찮을 때 매운 고추 한 입이면 스트레스가 한 방에 날아가는 것 같다. 더운 여름날 입맛 없을 때 청양고추 두어 개면 밥 한 그릇은 후딱 비울 수 있다. 사실 고추는 좋아하지만 직접 키워본 적은 없다. 간간이 들판을 지날 때 차창 밖으로 벼 이삭을 보고, 상추도 보고, 고추나무에 파랗고 빨간 고추들이 매달린 건 봤지만 그것들이 언제 어떻게 자라는지 모른다. 난 시장이나 마트에서 돈을 내고 구입하는 걸 당연하게 아는 도시인이기 때문이다.

입에 들어가는 것만 아니다. 몸에 걸치는 것, 지친 몸을 부리는 작은 방조차 내 손으로 만든 건 없다. 지금까지 내가 누린 모든 것이 남의 수고에 의해 주어진 것이다. 다르게 말하면 땀 흘리지 않고 불로소득을 챙긴 셈이다. 물론 나름의 대가를 치르긴 했으니, 빚쟁이가 아니라고 말할 수도 있다. 하지만 아주 떳떳하지만은 않은 게, 그것이 내게 오기까지의 수고에 비하면 치르는 대가가 아주 작기 때문이다.

시장에서 오소소 떨고 있던 고추나무를 생각해 본다. 뼈대만 남은 물고기처럼, 앙상한 고추나무에 주렁주렁 열매 맺힐 때까지 얼마나 많은 수고가 더해져야 할까. 분명 햇빛과 바람, 농부의 부지런한 손길, 적당한 토양과 정성으로 지켜봐 주는 눈길이 보태져야 한다. 그렇다. 의지가지없는 작은 고추가 끝까지 살아남을 수 있는 건 많은 이들의 도움이 있었기 때문이다. 햇빛과 바람이 때때로 심술궂어도 없어서는 안 되는 것처럼 세상엔 내가 알지 못하는 선한 의지가 있다.

고추나무가 홀로 살아남지 못하듯이 내 삶도 내 힘만으로 이루어진 건 아니었다. 지난날 굽이진 길마다 태양은 때때로 따듯하게 안아주고, 바람은 흐르는 눈물을 슬며시 말려 주었다. 너무 지쳐 주저앉고 싶을 때면 누군가가 팔 내밀어 받쳐주었다. 그런데도 나는 염치없이 얻는 것보다 잃는 게 더 많은 피곤한 삶이라고 툴툴거렸다. 살아온 날들이 온통 빚쟁이의 삶이었는데도 남보다 가진 게 적다고 원망하고 살았다.

최근 몇 년간 병원 순례하는 일도 그렇다. 평생이다시피 내 몸을 돌보지 않았다. 쉼 없이 몸을 부리면서 고맙다는 생각 한번 해본 적 없다. 먹고살기 바빠서란 핑계로 나를 방치했다. 남들의 애정을 구걸하면서 정작 나를 사랑하는 건 서툴기만 했다. "자기 몸을 학대하지 말고 이제부터라도 잘 돌봐주라"던 의사 말이 귓바퀴에 매달린다. 이제 정말 나를 사랑해야겠다. 오래도록 몸을 사랑하지 않고 학대했던 빚을 조금씩 갚으면서 햇살과 바람의 길을 걸어가야겠다.

## 멍게의 선택

까맣게 잊고 있던 멍게를 오래만에 보았다. 시대의 변화에 따라 먹기 좋게 손질되어 비닐봉지에 담겨 있었다. 갑자기 멍게의 일생이 궁금해졌다.

멍게는 자웅동체다. 겨울 산란을 하고, 유생은 올챙이처럼 눈점과 꼬리를 달고 잠시 바다를 헤엄친다. 그러다 바위나 배의 바닥에 달라붙어 성체로 탈바꿈한다. 이때 사람들이 흔히 "뇌를 먹어치운다"고 말하지만, 정확히 말하면 변태 과정에서 필요 없어진 신경계의 큰 부분이 흡수되어 소멸된다. 움직여 먹이를 찾던 동물적 삶에서, 해류를 거르며 받아먹는 식물 같은 삶으로 몸을 재설계하는 것이다.

무생물이나 다름없어 보이는 멍게가 살아남기 위해 자신의 몸을 변화시킨다니 놀랍다. 생명의 진화 과정에서 불필요한 것들을 정리하고, 동물적 삶에서 식물적 삶으로의 전환을 과감하게 선택한 멍게의 일생을 보면서 지난날 내가 했던 선택들을 떠올려봤다. 신혼의 단꿈도 모른 채 배불뚝이 몸으로 시댁에서 좌충우돌하던 나도 어쩌면 멍게였나 보다. 식물적 삶을 선택하며 자신의 뇌를 먹어치우는 멍게처럼, 시댁 식구가 되기 위해 나를 죽이던 시간이 있었다.

맨 처음 멍게를 먹은 것은 큰아이를 임신해 배가 잔뜩 불렀을 때였다. 밤새 무거운 배를 감당하지 못해 잠을 설친 아침이었다. "멍게 왔어요. 싱싱하고 맛 좋은 멍게요!" 아침을 깨우는 마이크 소리에 밖으로 나왔다. 트럭에 조그맣고 하얀 스티로폼 상자들이 층층이 쌓여 있었다. 장사꾼이 뚜껑을 열자 푸석한 골목에 파도가 일렁였다. 동네 아주머니 몇 분이 한 상자씩 구매하는 것을 보고 얼결에 나도 한 상자 샀다.

색다른 향기에 끌려 사기는 했지만 먹어본 적이 없어 손질하는 방법도 몰랐다. 남편이 올 때까지 기다렸다. 밤새 가락시장에서 일하고 들어온 남편은 멍게를 보더니 반가운 얼굴을 했다. 도마에 주홍빛 멍게를 한 알 올리고 칼로 꽁무니를 자르는 순간 알싸한 향기가 퍼져 나와 나도 모르게 입맛이 돌았다.

결혼하자마자 임신한 몸으로 옴짝달싹 못하는 상황에 지쳐가던 중이었다. 어째 그리 시원찮으냐며 보기만 하면 혀를 차는 시어머니, 재수생활 삼 년 차인 시동생, 하루걸러 한 번씩 애인과 싸우고 들어와 기분이 오르락내리락하는 시누이까지. 익숙하지 않은 집에서 하루에 대여섯 번씩 상을 차리면서 부글거리는 속을 다독여야 했다. 서로를 알아갈 새도 없이 며느리니까 무조건 따르라는 시댁의 권위 의식이 피곤했다. 그 모든 피곤함을 한 방에 날릴 정도로 멍게의 향은 진했다.

그 뒤로 자주 멍게를 먹었다. 당시만 해도 가격이 저렴하고 흔하게 볼 수 있어 자주 먹을 수 있었다. 먹을 때마다 바다가 몸 안에 들어온 것처럼 상쾌해지는 멍게가 좋았다. 그랬던 멍게가 언젠가부터 가격이 비싸지면서 자연스럽게 잊혀갔다. 멍게가 가져다주던 바다향이 사라지는 것처럼 시댁이라는 틀 안에서 나라는 존재도 점차 잊혀갔다. 절대다수인 시댁 식구들에게 나를 끼워 맞추면서 스스로를 죽이기 시작한 것이다.

누구의 주장이 옳고 그름을 따지지 않고, 그저 맹목적으로 하나 되기 위해 노력했다. 몇 번이나 때려치우고 싶었지만 스스로 선택한 결혼에 실패하고 싶지 않다는 오기도 있었다. 한 가족으로 인정받으려면 그들의 요구에 따르는 것이 정답이라고 생각했다. 나를 주장하면 필연적으로 따라오는 버석거리는 감정의 소모가 귀찮았다. 멍게처럼 뇌를 먹어치우고 생각이라는 걸 하지 않으면서 괜찮은 척, 모르는 척 순종했다. 시대이라는 텃밭에서 한 포기 풀이되려 했다. 하지만 나는 멍게가 아니었다. 내가 까무룩 죽어있는 시간이 누군가에겐 평화의 밑거름이 되었을지 모르지만, 난 행복하지 않았다.

사람은 식물이 아니다. 억지로 식물인 척해도 결국 동물일 수밖에 없다. 동물은 자유롭게 움직여야 한다. 몸도 마음도 자유롭게 자신의 뜻을 펼쳐 나가야 한다. 난 이제 식물에서 벗어나 동물적 삶을 선택하기 위해 기지개를 시작했다. 지난날 식물적 삶을 선택한 멍게처럼 살려고 노력했던 시간은 이미 지나갔다. 몸도 마음도 자유롭게 풀어주기로 한 지금 이 순간의 선택이 좋다.

## 한 방 먹이고 싶다

 누군가 고향이 어디냐고 물으면 신림동이라고 한다. 실제 태어난 신길동을 제쳐두고 신림동을 고향이라고 부르는 까닭은 간단하다. 그곳에서 밑바닥 인생을 제대로 맛봤기 때문이다. 지금은 재개발로 아파트 숲이 되었지만 기억 속의 신림동은 판자촌이었다. 산자락 밑에 나지막한 집들이, 이끼처럼 뿌려진 동네에서 세상 사는 법을 배웠다.
 신길동 대로변에서 찍은 사진 한 장이 있다. 일자로 된 앞머리와 바짝 밀어 올린 뒷머리, 머슴애도 계집애도 아닌 아이가 꾀죄죄한 웃음을 물고 포즈를 취하고 있다. 사진을 발견한 순간 부모님이 떠올랐다. 누가 찍어 주었을까. 어떤 마음으로 이 사진을 찍었을까. 어린 시절을 통틀어 단 하나뿐인 사진이었기에, 부모님의 시선이 궁금했지만 끝내 알 수 없다.
 신림동은 내게 있어 더 이상 추락할 곳이 없는 바닥의 이름이었다. 동사무소에서 배급받은 밀가루로 끓인 수제비와 급식 차에서 나눠주는 우동 한 그릇을 동생과 나눠 먹으며 하루를 이어갔다. 잔뜩 불어 터진 면발을 씹으며 이곳을 벗어나려면, 운명을 바꾸려면 어떻게 해야 할까 생각했다. 그래서 장래 희망은 단순하게 부자가 되는 것이었다.
 하지만 책을 가까이하는 순간 부자의 길은 미로가 되었다. 책 속에서 만난 친구들이 나를 놓아주지 않았기 때문이다. 비록 부자의 길은 멀어졌지만, 책을 통해 인간답게 살 수 있을 것 같았다. 하지만 책에서 말하는 인간답게 사는 길과 현실에서 인간답게 사는 길은 거리가 멀었다. 나처럼 하루 벌어 하루 먹고사는 사람에게는 더욱더. 그래도 절망하지 않았다. 열심히 노력하면 언젠가 인간답게 살 수 있다고 다독였다.

배움이 짧아 제대로 된 직업은 갖지 못했지만, 한 푼이라도 아껴 은행에 들락거렸다. 통장에 늘어나는 숫자들이 핑크빛 꿈을 꾸게 했다. 조금만, 조금만 더……. 공든 탑은 번번이 손가락 사이로 흘러내리는 모래성이 되었다. 숨 돌릴 새 없이 제비 새끼처럼 입 벌리고 턱 받치고 있는 사람들. 엄마 아빠, 동생에서 남편, 그리고 나를 닮은 또 다른 아이들이 바통을 이어 달려들었다.

가진 건 몸 하나, 쉬지 않고 닦달했다. 힘들어도 몸은 마음 가는 대로 따라오는 줄 알았다. 그날도 그랬다. 늙어가면서 자식들에게 신세 질 수 없으니, 수선집이라도 하려고 옷 만드는 과정을 배우는 중이었다. 갑자기 바늘에 실을 꿸 수 없어 돋보기를 사러 갔다. 안경사가 안과에 가보라며 돋보기는 나중에 사라 한다. 안과에서 대학병원으로 떠밀렸다.

대학병원에서 뇌혈관이 터졌다는 말을 들었다. 막힌 혈관이 제일 약한 눈으로 터져 시신경이 많이 죽었다며 결국엔 실명할 거라는 말을 아무렇지 않게 한다. "죽은 시신경은 살아나지 않고 남은 신경을 점차 죽이다가, 한쪽 눈에서 다른 쪽 눈으로 영역을 넓혀갑니다." 의사 입이 붕어처럼 뻐끔거렸다. 무슨 말을 하는 걸까. 내 얘기가 맞는 걸까. 벌건 대낮에 악몽이라니 얼른 꿈에서 깨어나고 싶었다.

실명 시기를 늦추기 위해 안구에 주사를 맞기 시작했다. 한 달에 한 번 애꾸눈 선장이 되기 위해 병원에 갔다. 대기실에는 온통 환자들인데 대부분 보호자와 함께 온다. 안구에 주사 맞는 환자들은 특히 더 그렇다. 나는 언제나 그랬듯이 외딴 섬처럼 홀로 서 있다. 내 편이라 믿었던 남의 편을 질겅질겅 씹으면서 병원에 오갈 때면, 아무에게라도 기대고 싶었다. 공연히 피터팬에 나오는 애꾸눈 선장처럼 마음이 불퉁거렸다. 뭘 위해 그렇게 안간힘 썼을까. 분명, 실명이나 매달 맞아야 하는 주사가 장래 희망은 아니었다. 눈이 멀기 전에 세상이 먼저 캄캄해졌다. 무엇이든 거침없던 내가, 혼자서 아무것도 할 수 없게 될지 모른다는 현실이 사막의 모래처럼 서걱거렸다.

신림동에서 대전까지 이어진 삐뚤빼뚤한 발자국들을 돌아봤다. 아무리 애써도 다정하지 않은, 갈수록 더 꼬이기만 하는 인생이 지겨웠다. 불현듯 자식이 있다는 것, 내 삶이 온전히 나만의 것이 아니었다는 것, 어쨌거나 살아야 한다는 것, 그 서러운 핑계들이 꼼지락거렸다. 병원 가는 길, 쏟아지던 빗줄기가 잠시 멈추고 햇살이 고개 내밀었다. 비에 젖어 침울했던 오기가 몸을 세웠다. 신림동 밑바닥에서 굵어진 주먹에 불끈 힘이 들어갔다.


그래, 한 판 붙어보자.
꽈배기처럼 비비 꼬기만 하는 저 비열한 운명이라는 녀석에게, 한 방 먹여야겠다.
그래 한 판 붙어보자. 꽈배기처럼 비비 꼬기만 하는 저 비열한 운명이라는 녀석에게 한 방 먹여야겠다. 누군가를 쓰러뜨리는 게 아니라, 나를 다시 일으키기 위해서. 주사를 거르지 않고 맞는 끈기와 도움을 청하는 용기. 내 몸에 "수고했다'고 말해주는 습관, 하루 한 문장이라도 잊지 않고 쓰는 고집, 그렇게 매일 정확히 운명에게 펀치를 적중시키자. 비가 그치면 햇살 나오듯이 언젠가는 이 어둠도 물러난다고 굳게 믿으면서.

## 발소리 말소리 바람소리

논에서 벼가 자랍니다. 여리던 풀들이 어느새 짙은 초록바다가 되었습니다. 조금 있으면 벼꽃 피고 꽃 진 자리에 작은 씨알들이 자리 잡을 것입니다. 작은 씨알들은 바람과 술래잡기하고 아침이슬로 목축이며 모락모락 자라나겠지요. 때로는 몰아치는 빗물에 가쁜 숨 내쉬고 땡볕에 몸서리도 치겠지만 어쩌든지 살아남을 것입니다. 흔들리면서도 쓰러지지 않는 작은 벼의 모습이 대견합니다.

작물은 농부의 발소리를 듣고 자란다는 말이 있습니다. 그만큼 농부의 손길이 닿아야 한다는 말이지요. 그렇다면 볍씨같이 작은 아이는 어떤 소리를 듣고 자라는 걸까요. 벼를 키우는 게 농부의 발소리라면 아이를 키우는 건 무엇인지 생각해 봅니다. 전 말소리가 아닐까 싶습니다. 누구와도 비교하지 않고, 무엇을 어떻게 해서가 아니라, 존재 자체로 사랑한다는 말을 들을 때 아이는 올곧게 자라나니까요.

늦은 밤인지 이른 새벽인지 모를 시간에 불현듯 깨어났습니다. 어둑한 허공에 가만 귀를 기울여봅니다. 풀벌레는 조용히 새벽잠에 빠졌나 봅니다. 낮에 들었던 소리들이 해무처럼 밀려듭니다. 자동차 바퀴 쌩쌩 달리는 소리, 하교하는 중학생들의 달뜬 목소리, 구부정한 노인이 짚고 가는 지팡이 소리, 바람 따라 춤추는 현수막 소리도 거침없습니다. 어느 집에선가 우는 아이 달래는 엄마 소리, 강아지 짖는 소리도 들렸습니다. 나와는 상관없어 무심히 지나온 소리가 아름답다는 생각이 드네요. 문득, 살고 싶다는 마음이 올라왔습니다.

제법 오랫동안 죽음을 동경했습니다. 습하고 어두운 곳에서 엉금엉금 기어다니며 빛을 찾아 꿈틀거릴 때였지요. 세상이 온통 까맣고 무서웠습니다. 어둠 속에서 빛을 발견하는 순간마다 알 수 없는 발길에 툭 차이곤 했습니다. 더 이상 할 수 있는 일이 없다 싶은 그런 순간들이 내게 죽음을 갈망하도록 이끌었습니다. 나에게 죽음은 안식이었습니다.

손 내미는 사람들을 외면한 채, 혼자 편하자고 할 수 없어 버텨온 날들입니다. 일체의 모든 것을 차단당하고 일만 하는 삶이 무슨 의미가 있다는 건지 알 수 없었습니다. '차라리 죽으면 편할 텐데' 살아야 할 이유를 찾지 못해 나를 사랑하지 않았습니다. 그런데, 이 애매한 시간에 일어나 살고 싶다는 생각을 합니다.

무언가가 달라졌습니다. 난생처음 예쁘거나 똑똑하거나 무언가에 필요한 존재가 아닌, 있는 그대로의 나를 바로 볼 수 있게 되었습니다. 오랜 시간 어느 누구도 나를 사랑하지 않는다고 믿었습니다. 부모조차도 나를 사랑하지 않는 건 이유가 있을 거라고 생각했습니다. 가슴 깊은 곳에 구멍이 뚫린 것이지요. 삶의 모퉁이마다 구멍은 깊어만 갔습니다. 공허함을 메우려고 매 순간 더 열정적으로 살았습니다. 사랑받기 위해 사람들이 원하는 대로 나를 풀어주었습니다. 그런데 말입니다. 아무리 좋은 일을 하고 수없이 나를 풀어헤쳐도 공허함은 떠나지 않았습니다. 나날이 커지는 구멍을 메우는 일은 이루지 못할 꿈 같았습니다.

모든 걸 포기했을 때 바람이 불었습니다. 비에 젖어 비틀거리는 작은 벼를 일으켜 세우는 바람 말입니다. 힘없이 주저앉아 있는 나에게 손 내밀어 준 사람들이 있었습니다. 세상엔 빛이 이렇게 많다고, 구멍 속에서 길을 찾는 나에게 빛을 건네준 겁니다. 그들이 말합니다. 살아있는 생명은 누구나 사랑받는 존재라고 말입니다. 오랜 시간 그토록 애태우던, 도무지 찾을 수 없던 사랑이 마침내 내게 온 겁니다. 그 바람이 지금 이 순간 나를 살고 싶게 합니다.

 잠시 후면 새들이 찾아와 어둠 속에서 꼬물거리던 작은 아이에게 노래할 겁니다. 타고난 운명 따위는 잊어버리고, 선물 같은 오늘을 즐겁게 지내라고요. 그럼 문턱을 넘는 나의 발소리, 서로를 세우는 우리의 말소리, 다시 살아나게 하는 바람소리가 삶을 이어주고 자라게 한다고요.

## 어떻게 살아야 할까

 지인의 부친상 연락을 받았다. 당연히 가야 하는 자리라는 걸 알면서도 몸이 먼저 투덜댔다. 열흘 전 서울에서 있었던 장례식에 다녀온 피로가 아직 남았기 때문이다. 짜증 내는 몸을 달래가며 길을 나섰다. 강경 장례식장에 도착해 고인과 상주에게 인사드리고 이른 저녁을 먹었다. 고인이 91세 노인이라 그런지 상주들도 크게 상심하는 기색은 아니었다. 가벼운 마음으로 대화를 나누다 집에 돌아왔다.
 집에 들어서자마자 시어머니의 말이 날아왔다. "넌 받지도 못하면서 열심히 주고 돌아다닌다." 뜬금없는 꾸지람에 얼굴을 들었다. 옆에서 시누이가 눈짓으로 말렸다. "무슨 말씀이세요?", "넌 아들 결혼식도 몰래 하고 부조도 안 받았으면서, 뭘 그렇게 열심히 쫓아다니느냐는 말이다.", "어머니, 누가 몰래 아들 결혼 시켜요. 외국에서 며느리가 임신했다니 서둘렀을 뿐이지요. 그렇다고 인사 안 하고 살 수는 없잖아요.", "맨날 그렇게 속없는 짓만 하고 다니고…….", "그래도 은빛이는 워낙 결혼식을 화려하게 하겠다고 작정하고 있으니, 걔는 부조 받을 일 있을 것 같네요.", "쓸데없는 소리 말아라. 은빛이야말로 조용히 치우고 말아야지." 나와 시어머니 사이에서 시누이가 말을 꺼냈다. "아이고 엄마 왜 그래. 은빛이도 결혼하면서 부조 받고 다 해야지."
 시누이가 말리는 바람에 대화는 끝났다. 손녀에게 함부로 하는 어머니 말씀에 또다시 상처에 소금이 뿌려진다. 평생 당신 아들 외에는 사람

취급 안 하는 분이시니 새삼스러울 것 없는데, 난 여전히 쓰라리다. 어쩌면 내가 지나치게 민감한 걸까. 다른 아들 며느리들은 원래 그런 분이니 그냥 넘어가라는데 잘 안된다. 무엇보다도 내게 하는 건 참을 수 있는데, 딸까지 같은 취급하는 건 정말 싫다.

가족이라는 울타리에서 일상이 편하려면 누군가 한 사람은 희생해야 한다. 그런데 그 누군가가 어째서 며느리여야만 하는 건지. 부아가 나서 혼자 씩씩거리다 한 가지 의문이 들었다. 시외 할아버지의 큰딸로 태어난 어머니는 귀여움받고 자라셨다고 했다. 다만 여자는 가르치는 게 아니라는 당시 풍습에 따라 배움의 기회를 받지 못하셨다. 어른들이 시키는 대로 손이 귀한 집에 시집오셔서 아들 많이 낳으라는 요구를 받고 아들 여섯 딸 둘을 내리 낳으셨다. 학교도 다니지 못하고 결혼해서 아이 낳고 밭일하는 게 전부였던 어머니는 누구에게서 어떤 가르침을 받을 수 있었을까.

가난한 시골 살림에 일만 한 어머니. 가부장적인 한국 사회에서 숱한 여자들에게 행해졌던 불합리한 일들을 어머니는 몸으로 겪으셨다. 그런 어머니가 긴 세월 동안 당신이 보고 배운 대로 세상을 대하는 건 지극히 당연한 일인지도 모른다. 내가 책을 통해 알게 된 것들을 어머니는 글을 몰라서, 알 수 있는 기회조차 없이 구십사 년을 살아오셨다. 오직 집안의 평화를 위한다는 구실로 여자의 알 권리를 원천 봉쇄한 사회에서 말이다. 어쩌면 나의 화는 방향을 잘못 잡은 건지도 모른다.

난 속된 말로 마지막으로 부모 모시고 자식에게 버림받는 세대에 속한다. 그 말을 처음 들었을 때는 설마, 그런 일이야 벌어지겠어? 하고 가볍게 넘겼지만, 현 사회는 분명하게 그 말이 옳다는 걸 보여주고 있다. 주변을 돌아보면 내 나이쯤 되는 사람들이 부모 모시는 건 당연한데, 자식에게 보살핌을 받는 건 하늘의 별 따기처럼 어려운 걸 자주 본다. 자식이 의도하든, 의도하지 않든지 간에 현실이 그렇다.

  이렇게 변해가는 사회에서 어떤 이들은 여자들만 살판난 세상이라고 한다. 하지만 여전히 남자는 아내에게 대리 효도를 바라고, 어머니는 당신이 살아온 방식을 며느리에게 요구하는 것 또한 현실이다. 이런 현실이 과연 여자들이 살만한 세상인지 궁금하다. 딸이 나이 들면서 결혼이란 여자에게 어떤 건지 다시 생각해 보게 된다. 내 딸은 결혼하더라도 얽매이지 않고 자유롭게 살기를 바라지만, 딸에게 바라는 걸 며느리에게도 똑같이 할 수 있을까. 곰곰이 생각해 보니 딸을 둔 엄마와 며느리를 둔 시어머니는 절대 같은 생각일 수가 없는 것 같다. 그렇다면 여자라는 존재는 과연 어떻게 살아야 하는 걸까.

## 다시 만난다면

　엄마에게 증오를 표출하고 책임을 전가하느라 나와 엄마를 둘러싼 세계에 대해 질문하지 못했다. 우리는 세계의 실패를 직시하는 대신 그 실패를 어머니라는 개인에게 떠넘김으로써 근본적 원인을 은폐한다. 어머니도 다른 모든 이와 마찬가지로 실패하는 존재임에도 불구하고.
　　　　　　　　　　- 하재영, 『나는 결코 어머니가 없었다』 중에서

　며칠째 이 책을 손에서 놓지 못한다. "엄마와 딸의 공동 회고록"이라는 부제가 붙은 책을 손에 쥔 건, 『나는 결코 어머니가 없었다』라는 도발적인 제목에 눈이 가서였다. 오랜 시간 모성에 대해 의심하면서도, 차마 표현하지 못했던 내 마음을 대변해 주는 것 같았다. 요즘 애들 표현대로 꽂혔다고나 할까. 내용을 보면 제목처럼 어머니 자체를 부정하는 것은 아니다. 어머니와 딸로 살아오는 과정에서 생긴 오해와 어머니란 존재에 대해 잘 알지 못했다는 이야기, 그리고 사회적으로 어머니라는 존재가 어떻게 만들어졌는지를 얘기할 뿐이다. 호기심으로 시작해 고개를 끄덕이며 책 속으로 빨려 들어갔다.

　책갈피마다 엄마가 얼비친다. 아무에게도 당당하게 말하지 못했던 엄마라는 존재. 안간힘 다해도 곁자리를 내어주지 않았던, 도무지 속을 알 수 없던 여인이 내 엄마다. 평생의 화두처럼 그녀를 이해하고 사랑하려고 노력했다. 하지만 돌아보면 단지 사랑받고 싶은 어설픈 아이의 몸부림이었을 뿐이었다. 한 번도 진지하게 엄마의 삶이 어떤지 생각해 본

적은 없다.

난 세상에 떠도는 모성을 맹목적으로 따르는 열성 신자였다. 그건 남들과 다른, 도무지 모를 엄마를 이해하기 위해 책을 뒤적이면서 생긴 오해 때문이다. 책은 위대한 어머니들의 신화를 내게 가르쳤다. 그 어머니들은 어려움 속에서도 자녀들을 성공적으로 키운다. 엄마라면 당연히 그래야 한다는 이야기들은 내게 있어 일종의 신탁이나 다름없었다. 그 이야기들이 나를 부추겼다. 난 책에 나오는 어머니와 내 엄마를 비교했다. 너무나 당연하게 닮은 점을 찾지 못했다. 오래지 않아 이해하려는 시도는 금세 시들고, 엄마를 모성애가 없는 이상한 여자로 취급하고 말았다.

이야기 속에 나오는 어머니들은 누구나 따라 할 만큼 쉬운 일이 아니다. 쉽지 않기에 책에 등장할 수 있었던 신화 속의 어머니들을, 나는 평범한 내 엄마에게 요구했다. 그건 사회가 여성들에게 신의 대리인이 되기를 바라는 것보다 더 고약한 일이었다. 사회에서는 자식이 잘못하면 어머니가 잘못 키워서 그런다며 싸잡아 죄인으로 여긴다. 나 역시 그랬다. 사는 게 힘들 때마다 엄마가 자기 역할을 제대로 하지 않아 그런다며 원망을 앞세웠다. 잘 알지도 못하는 신화에 편승해서 엄마가 모성에 걸맞지 않는다고 일방적으로 매도한 셈이다.

작가는 책에서 살림하는 여자를 놀고먹는 여자로 취급하는 사회현상에 대해서도 말한다. 나 역시 엄마를 신세타령이나 하고 집에서 놀고먹는 사람이라며 비난했다. 물론 드러내놓고 표현하진 않았지만 말이다. 하지만 정말 엄마는 놀고먹는 사람이었을까. 작가의 글을 읽으면서 생각해 보았다.

내가 아주 어릴 때 엄마는 몇 번이나 바깥일을 시도했다. 건물 청소부와 포장마차, 달고나 장사까지……. 어느 하나 오래 하진 않았지만 분명 노력은 했다. 건물 청소는 다리가 아파, 포장마차는 파는 것보다 아버지가 술친구들을 불러 먹어치운 게 더 많아서, 달고나 역시 쪼그리고 앉아서 하는 일이라 금세 그만두곤 했다. 덕분에 일찌감치 집안 경제를 책임져야 했던 나는, 엄마를 의심의 눈초리로 보기 시작했다.

엄마는 가끔 영화관에 갔다. 나랑 동생은 술 취한 아버지를 피해 골목길을 배회하는 데 영화를 보러 가다니, 가난한 살림에 일은 안 하고 영화관에 들락거리는 엄마라는 사람을 도무지 알 수 없었다. 나는 어릴 때부터 일하느라고 학교 다니는 친구들이 부러워 죽을 것 같은데, 영화나 보러 다니는 엄마를 어떻게 이해할 수 있을까. 끼니 걱정하면서도 자식 교육에 열성인 친구 엄마와 비교하면서 원망했다. 어떻게든 엄마에게 사랑받고자 노력하던 아이가 미움으로 돌아서는 것은 한순간이었다. 그런데 엄마는 정말 놀고먹는 사람이었을까.

주정뱅이 남편과 아이들 돌보는 게 오죽했을까. 조그만 계집애가 돈 몇 푼 벌어다 준답시고 어른인 양 뻐기면서, 비난하는 눈초리를 보낼 때 얼마나 기가 막혔을까. 아무리 둘러봐도 벗어날 길 없는 진퇴양난의 길에서 무슨 생각으로 하루를 버텼을까. 어쩌면 엄마는 막다른 길에서 영화 보는 걸로 숨을 이어가고 있었던 건지도 모른다.

시간의 톱니바퀴 사이에서 나도 엄마가 되었다. 난 책에 나오는 어머니들처럼 내 자식에게 제대로 된 모성을 보여주고 싶었다. 엄마는 자식을 위해 무엇이든 할 수 있다는 걸 알려주기 위해 정신없이 내달렸다. 하지만 집안 일과 바깥일을 함께 하는 건 쉬운 일이 아니었다. 결국 힘에 부쳐 바깥일에서 손을 떼고 집안에서 지내는 사람이 되었다. 서서히 '집안일은 일이 아니라'는 인식이 나에게도 적용되었다. 뭔지 모르게 억울했지만 항변할 말을 찾지 못했다. 엄마의 집안일을 놀고먹는다며 비난했던 나였기에, 스스로도 떳떳하지 못한 감정이 들었는지 모른다. 하재영의 책을 읽으면서 오래된 사랑과 미움에 대해 다시 생각해 본다. 엄마에 대한 나의 오해가 얼마나 깊었는지에 대해서도.

언젠가 엄마를 만나면 묻고 싶다. 신화에 길들어 무작정 요구만 하는 딸이 그녀의 숨쉬기를 더 힘들게 하지 않았는지. 술에 빠져 가정은 나 몰라라 하는 남편에게 어떤 마음이었는지. 콩알만 한 자식이 자신을 판단하는 눈초리에 얼마나 상처를 받았는지. 막다른 길에 몰려 옴짝달싹 못 하는 상태에서 어떤 심정으로 삶을 견디어냈는지. 책갈피 사이사이에 엄마가 서성거린다. 스위트홈이길 바라던 결혼 생활이 악몽이나 다름없었던 내 엄마. 이제는 세상에 없는 그녀에게 새삼 안타깝고 미안한 마음이 든다.

다시 만난다면, 엄마를 더 이상 모성이라는 이름표로 부르지 않겠다. 책에서 빌려 온 신화의 잣대를 내려놓고, 아침에 불려 무게를 더한 쌀의 감촉과 저녁 설거지 물소리, 영화관의 어둠에서 겨우 이어 붙이던 숨을 조용히 더듬어 보겠다. 엄마를 '엄마' 이전의 한 사람으로 바라보며 "왜 그랬냐" 대신 "어디가 그렇게 아팠냐"를, "왜 쉬었냐" 대신 "쉬어서 다행이다"를 건네겠다. 그리고 내 딸에게도 누군가의 어머니가 되기 전에 한 사람으로 충분히 사랑받을 권리가 있다고 전하고 싶다.

# 제2부

## 여린 초록잎이
## 손을 내밀고

# 내가 좋아하는 것들

뭘 좋아하냐고? 나는 말이야. 커피를 좋아해. 뜨겁거나 차갑거나 상관없어. 다만 아무것도 섞지 않은 오직 까만색 커피만이야. 아침에 눈뜨면 가장 먼저 물을 올리지. 물이 끓는 동안 컵과 커피를 준비해. 한가할 땐 원두를 갈고, 마음이 휘청거리는 날엔 인스턴트커피를 꺼내. 지금도 따뜻한 커피 한 잔 옆에 두고 이 글을 쓰고 있어. 한 모금 두 모금 병아리처럼 입에 물다 보면 사르르 배가 아파올 때도 있어. 신경성 변비 환자인 나는 그런 순간이 반가운 신호야. 요즘처럼 햇볕이 기세등등한 날, 걷다 보면 아이스커피 생각이 간절해져. 아쉽게도 커피 금지 명단에 이름은 올렸지만 하루 두 잔까지는 스스로 허용하고 있어. 사는 게 그렇잖아. 몸에 좋은 것만 하고 살기에는 유혹이 너무 많은 세상이니까.

과일도 좋아해. 한때는 포도 귀신이란 말을 들을 정도로 포도를 좋아했어. 그런데 언젠가부터 포도를 먹고 나면 이가 시려서 요즘은 좀 멀리하고 있지만 과일이라고 생긴 건 다 좋아하니까 문제없어. 수박, 참외, 딸기, 바나나, 파인애플, 귤, 오렌지, 망고 등 일일이 다 꼽지 못할 정도로 과일이 좋아. 밥 대신에 과일만 먹으래도 몇 날 며칠 먹을 수 있어. 오죽하면 큰애 임신했을 때 입덧 핑계로 과일만 먹었을까 후후. 앗, 이건 남편한테 비밀인데 너만 알고 있어야 돼. 알았지? 참 망고는 노란 것보다 그린망고를 좋아해. 최근에 알게 된 건데, 필리핀 현지인들은 망고가 노랗게 익기 바로 직전에 그린망고로 먹지 뭐야. 그들은 향기로 구분

하더군. 그린망고를 코에 대고 냄새 맡다가 한순간 향이 달라질 때 먹는 거지. 껍질 벗기고 먹기 좋게 잘라서 우리나라의 멸치젓 같은 소스나 소금에 찍어 먹어. 난 소스는 별로였지만 소금에 찍어 먹은 맛은 기가 막히더군. 그때부터 그린망고 팬이 되었어.

먹는 얘기가 나왔으니 말인데, 밥을 빠뜨릴 수 없지. 조금은 슬픈 과거의 영향인지 하얀 쌀밥만 보면 정신을 못 차려. 밥에 계란프라이 하나, 간장 조금, 버터 한 조각 넣고 비비면 세상 부러울 게 없어. 잡곡이 들어간 밥은 또 그대로 별미지. 보리 알갱이 하나 씹으면 추운 바람을 이겨낸 씩씩함이 내게 스며드는 것처럼 기분이 좋아. 수수는 아이들 어릴 때 해주던 수수팥떡이 생각나게 해. 수수팥떡을 만들면서 건강하게 잘 자라기만 바라던 마음은, 살짝 변심했지만 말이야. 겉으로야 자식 위한다지만 속으로는 내 욕심이 더 많았거든. 그럭저럭 아이들이 어긋나지 않고 잘 자라줘서 천만다행이지 뭐야. 참 나는 흑미도 좋아해. 잡곡을 이것저것 섞어 밥을 하면 밥알들이 따로 놀기도 하잖아. 그럴 때 흑미를 조금 넣어주면 겉돌던 알갱이들이 서로 안겨들지. 까맣게 윤기 흐르는 것도 보기 좋고 말이야. 때때로 꽁보리밥도 하는데, 그런 날은 나물 반찬이 두세 가지 있는 날이야. 꽁보리밥에 열무김치만 있으면 완전 임금님 밥상이지. 가장 좋아하는 밥은 찰밥이야. 뭔가 마음이 어수선할 때는 찰밥을 지어. 덕분에 이래저래 살이 찌지만 그래도 밥은 맛있어. 그러고 보니 전부 먹는 얘기네. 나 때문에 배고프겠다, 미안.

먹는 거에서 벗어나면 사진 찍는 걸 좋아해. 어디에서 무얼 하든지 눈이 바쁘게 움직여. 요즘은 도시에서도 다양한 꽃과 나무들을 볼 수 있어서 참 좋아. 꽃과 나무 덕분에 나비랑 벌도 보고 새도 만날 수 있으니까 말이야. 한 가지 아쉬운 건, 새는 여간해선 찍기 어렵다는 것이지만 그래도 좋아. 참새가 폴짝폴짝 뜀뛰기하는 걸 보면 너무 앙증맞아서, 만질 수만 있다면 꽉 안아주고 싶을 정도라니까. 천덕꾸러기 취급받는 비둘기를 볼 때면 조금 슬프기도 해. 언젠가 한 아파트에 "해로운 비둘기에게 절대 먹이를 주지 마세요." 경고문을 보고 난 뒤로 더 안쓰러운 생각이 떠나질 않아. 그렇게 거리에서 만나는 모든 것들이 나를 홀리지. 참 우스운 이야기 하나 해줄까? 며칠 전 비 오는 날이었어. 수십 번은 지나갔을 거리에서 그날따라 가로수 하나가 눈에 띄지 뭐야. 분명 몇 번이나 본 나무인데 그날은 뭔가 다른 느낌이 들었어. 마치 나무에 있는 옹이가 눈동자처럼 보이더군. 약간 슬픈 표정으로 나에게 말을 건네는 것처럼 말이야. 우두커니 나무 앞에 서서 바라보았어. 때마침 지나가던 할아버지가 나와 나무를 번갈아 바라보며 고개를 갸우뚱하시더니 한참을 같이 서 있는 거 있지. 생각해 봐, 거리에서 두 노인이 나란히 서서 나무를 보는 풍경이 얼마나 우스운지 말이야. 하지만 그 순간 우리 두 사람과 나무는 서로 통하는 것 같았어. 어쩌면 너도 봤을지 모르겠다. 길거리에서 엉거주춤 선 채 한곳을 뚫어져라 보는 우리를 말이야. 그 순간 우리와 나무 사이에는 설명하지 않아도 아는 무언가가 있었지.

무엇보다도 글자 놀이하는 걸 좋아해. 아니 좋아해 보다는 사랑한다는 말이 더 어울리겠다. 글자를 읽고 만지작거리고 때로는 숨바꼭질하는 순간들이 행복해. 책 읽다가 모르는 단어가 나오면 바로 검색을 하지. 예전엔 사전을 뒤적여야 했는데, 요즘은 핸드폰으로 바로 알 수 있으니 참 다행이지? 안 그러면 점점 시력이 나빠지는 나 같은 사람은 엄청 고생할 텐데 말이야. 사실 난 말을 잘 못하는 사람이었어. 무언가 할 말이 있어도 마음속으로 이 말을 해도 되는지 궁리하느라고 말할 시간을 놓치곤 했었어. 그게 습관이 되어서 어느 자리에서나 말없이 웃기만 했지. 그런데 본성은 그게 아니었나 봐. 글 쓴다는 핑계로 말들이 끝없이 쏟아지는 걸 보면 말이야. 어쨌거나 요즘은 어린아이처럼 신나게 지내고 있어. 사랑스러운 글자들과 줄다리기하면서 아침을 열고 밤을 맞이하고 있지. 너도 같이 해볼래? 정말 재미있다니까.

가만히 생각해 보면 내가 좋아하는 것들은 결국 한 가지를 가리키는 것 같아. 작게 문을 여는 일처럼 말이야. 까만 커피 한 잔은 몸을 깨우고, 그린망고의 아삭함은 미각의 문을, 흑미의 윤기는 밥알 사이의 문을 열어줘. 비둘기의 구구 소리와 참새의 폴짝임은 거리의 문을, 나무의 옹이는 상상의 문을 열어주는 기분이야. 그리고 글자는 마음의 문을 열어주지.

무엇을 좋아하냐고 내게 묻는다면 이렇게 대답하고 싶어. 나는 작게 문을 여는 걸 좋아해. 문 하나씩 열다 보면 그 문 너머로 들어오는 소리와 빛, 맛과 이야기들을 기꺼이 받아 적고 사랑하고 싶거든.

## 뎅, 뎅, 뎅, 오뎅

시장에서 납작한 오뎅을 샀다. 요즘은 어묵이라 부르지만, 나는 '오뎅'이라는 말이 익숙하다. 가끔 떡국에 오뎅을 넣어 혼자 먹는다. 아무도 없는 식탁에 앉아 김을 후후 불다 보면 문득 종소리도 들린다. 어린 시절을 보낸 산동네에 작은 절이 있어 늘 울리던 뎅 뎅 뎅 종소리. 그 소리는 늘 엄마 얼굴과 한데 묶여 있다. 엄마는 오뎅을 자주 식탁에 올렸다. 김치찌개에 고기 대신, 떡국이나 수제비 등 국물 요리마다 잊지 않고 넣었다. 분명 고기 살 돈이 없어 그랬겠지만, 내가 밖에서 음식을 먹기 전까지 국물요리에 오뎅이 들어가는 건 당연한 일인 줄 알았다.

한번은 공장에서 야근할 때, 사장님 생일이라 특별식이 나온다고 했다. 메뉴는 돼지불고기와 김치찌개라고 했다. 명절이나 되어야 겨우 한두 점 먹을 수 있는 고기 생각에 나도 모르게 입안에 침이 고였다. 쉬지 않고 등에 기대던 뱃가죽도 별나게 더 달라붙는 것 같았다. 잔치가 벌어지기 전까지 궁리했다. 집에서 자주 먹는 김치찌개는 제쳐두고, 고기를 집중적으로 공격할 계획을 야무지게 세웠다.

늦은 밤, 재단대 위에 음식이 하나씩 놓였다. 빵과 음료수, 술과 빨갛게 버무린 돼지불고기, 고봉으로 담긴 흰쌀밥과 잡채, 그리고 중앙에 커다란 냄비가 등장했다. 나는 밥그릇 하나 붙들고 김을 뻘뻘 쏟아내는 냄비를 외면한 채, 돼지불고기를 향해 젓가락을 날렸다. 경순이도 같은 마음인지 눈빛이 번쩍였다.

경쟁하듯 젓가락질하는 순간도 잠시, 고기는 금세 바닥을 드러냈다. 아쉽지만 찌개라도 먹을 생각에 조장이 떠 준 그릇으로 고개를 돌렸다. 세상에, 김치찌개에 고기가 잔뜩 들어있었다. 김치보다 많은 고기에 놀란 나는 얼른 경순이를 보았다. 경순이는 아무렇지 않게 고기를 건져 먹고 있었다. 둘레둘레 돌아봐도 모두 당연하다는 얼굴로 밥 먹는 일에 열중하고 있었다. 그날, 고기가 듬뿍 든 김치찌개는 그때까지 내가 먹어본 음식 중 최고였다. 안 그래도 맛있는 쌀밥이 어찌나 맛있던지, 지금도 입맛이 다셔진다.

그 뒤로 바깥에서 김치찌개를 몇 번 더 먹었다. 친구 집에서, 회식 자리에서…. 먹을 때마다 당연하게 들어 있는 고기들이 익숙해질 무렵, 나는 엄마에게 물었다. "우리도 오뎅 대신 고기 넣으면 안 돼?" 엄마는 어이없다는 듯 나를 쳐다보더니 고개를 돌렸다. 무안한 입에 오뎅 한 점을 밀어 넣으며, 나중에 내가 결혼하면 김치찌개에는 무조건 돼지고기를 넣겠다고 다짐했다.

그렇게 친정을 떠나 남편과 같은 배를 탄 지 서른 해가 넘었다. 타고난 자리가 다른데 성향이 같은 사람이 있을까. 우리 부부 역시 많이 다르다. 우선 식탁에서부터 선택의 기준이 갈린다. 그는 된장찌개파고 난 김치찌개파다. 난 종종 남아도는 김치를 해결하기 위해 돼지고기 넣고 김치찌개를 끓인다. 그러면 어김없이 남편의 수저질이 한가해진다. 그날도 김치찌개 앞에서 뜸한 숟가락질을 보다가, 어린 시절에 오뎅으로 도배하던 음식 이야기를 꺼냈다. 남편은 눈을 동그랗게 뜨면서 어처구니없어했다. 심지어 김치찌개는 당연히 돼지고기가, 떡국은 소고기, 수

제비는 해물이 들어가야 한다며 열변을 토했다. 자기는 김치찌개를 그리 즐기지 않는다는 말까지 덧붙이면서.

애써 일러주지 않아도 남편이 수저질하는 속도를 보면 알 수 있다. 남편은 김치찌개는커녕 돼지고기도 싫어한다. 반면 소고기나 해물이 들어간 음식에는 젓가락이 바쁘다. 다행히 우리 사이에 먹는 일로 다툴 일은 없다. 내가 가리는 게 없기 때문이다. 오히려 남편 식성 덕분에 오뎅으로 시작한 저렴한 입맛이 얼마간 고급화된 효과까지 누리고 있다. 다만, 알 수 없는 건 가끔 오뎅이 담뿍 들어간 김치찌개가 먹고 싶은 까닭이다.

시간의 강을 성큼 넘어왔다. 이제는 엄마를 엄마라고 부르기에 민망한 나이가 되었다. 하긴 엄마라고 부른 적은 아주 어릴 때뿐이다. 그런데도 어묵 아니, 오뎅을 보면 '엄마' 하면서 입이 달싹거린다. 가난한 살림에 고기 한 점 제대로 먹이지 못하는 자식들에게 고기 비슷한 것이라도 먹이고 싶었는지 줄기차게 국물마다 오뎅을 넣던 엄마. 오늘은 아무도 없는 집에서 혼자 앉아 오뎅이 들어간 떡국을 먹었다. 어딘가에서 뎅, 뎅, 뎅, 종소리가 울려온다. 물결같이 퍼지는 종소리에 엄마가 가만히 고개를 든다. 김 오르는 그릇 위로 오래된 풍경이 함께 올라온다.

# 생강엿

 그날은 특별했다. 아침 햇살이 번쩍였고 바람은 살랑살랑 머리카락을 기분 좋게 흔들었다. 어쩐 일인지 눈뜨자마자 아버지가 창경원으로 소풍 가자고 하셨다. 나는 창경원이 어딘지, 뭐 하는 곳인지 몰랐지만 아무려면 어떤가. 우리에게 소풍이라니! 엄마도 놀란 눈치였다. 어쨌거나 지상 명령이 떨어졌으니, 아버지 기분을 거스를 수 없었다.

 내가 자란 곳은 달동네였다. 같은 동네에 사는 가난한 사람들이 나를 불쌍하다고 할 정도로 우리 집은 아무것도 없었다. 그건 매일 술에 젖어 있던 아버지 때문이었다. 아버지는 언제나 술에 취해 세상이 썩었다며 알 수 없는 말을 중얼거렸다. 술에 영혼을 저당 잡힌 아버지는 아랫목에 자리 잡은 화산이었다. 화산이 언제 폭발할지 몰라 식구들은 전전긍긍하며 지내야 했다.

 아버지가 가장의 역할을 잊으면서 살림은 형편없었다. 동사무소에서 주는 밀가루가 우리 집의 일용할 양식이었다. 밀가루는 쌀로 바꿔오거나 술값 대신 주기도 했다. 시장에서 생선 장수한테서 생선 대가리를 얻어다 끓여 먹고, 가을이면 엄마랑 시장 바닥에 떨어진 배추 이파리를 주우러 다녔다. 배추 이파리를 주워 시퍼런 김치를 담고 된장국을 끓여 먹었다. 나는 틈만 나면 거리를 쏘다니며 버려지는 것들을 주워왔다.

 그런 집안 형편을 잘 아는 아버지가 갑자기 창경원에 가자고 한 것이다. 식구 중 누구도 무슨 일인지 묻지 못하고 아버지 명령에 따랐다. 우리는 비교적 깨끗한 옷으로 갈아입고 버스에 올랐다. 난생처음 타는 버스는 구름 위를 나는 것 같았다. 버스에는 사람들이 많았다. 이리저리 흔들리는 동생이 안쓰러웠는지 할머니 한 분이 무릎에 앉게 했다. 그러자 옆에 있던 할아버지가 나를 불러 무릎에 앉으라고 했다. 엄마랑 아버지를 돌아보니 웃는 얼굴이다. 안심하고 할아버지 무릎에 앉았다.

창밖을 바라보는 데 어쩐지 속이 이상했다. 이러다 토하기라도 하면 아버지가 화낼 텐데. 목구멍까지 쓴 물이 올라오는 걸 다시 삼키길 몇 번이나 했을까? 창경원은 아직 멀었는지 궁금하던 차에 큰 소리가 들렸다. 놀라서 올려다보니 아버지가 엄마에게 똑바로 안 서고 부딪친다고 호통을 쳤다. 저러다 아버지가 폭발하면 창경원에 가지 못할까 봐 불안했다. 엄마가 부딪친 건 자기가 아니라고 말해도 아버지는 들은 체하지 않았다. 마음속으로 제발 무사히 넘어가길 바라면서 창밖만 쳐다보았다. 처음에는 구름 위를 나는 것 같던 버스가 굼벵이처럼 느리게 느껴졌다. 얼마나 시간이 흘렀을까 마침내 창경원에 도착했다.

창경원 앞은 별세계였다. 솜사탕도 있고 색깔 고운 풍선들이 눈길을 사로잡았다. 사람들은 어찌나 많은지 엄마 아버지를 잃어버릴까 봐 불안했다. 동생 손을 꼭 잡고 두리번거리다 신기한 걸 보았다. 챙 넓은 모자를 쓴 아저씨가 갈색 덩어리를 대패로 밀어 막대기에 말아 꼬마에게 건넨다. 그건 분명히 대패였다. 언젠가 옆집 아저씨가 날을 간다며 숫돌에 쓱쓱 밀면서 대패라고 알려주어 알고 있다. 혹시 옆집 아저씬가 싶어 자세히 보았지만 모르는 얼굴이다.

막대기에 매달린 걸 입에 넣은 꼬마가 웃으면서 "엄마, 생강엿 맛있다." 생강엿? 나도 먹고 싶어 슬쩍 아버지를 올려다보니 웃고 있었다.

생강엿 사달라고 할까 망설이는데 동생이 "엄마 나도!" 엄마가 아버지를 쳐다보았다. 아버지는 크게 웃으면서 "생강엿 먹고 싶냐? 아저씨, 엿 하나 주소!" 나도 사달라고 하려는데 주머니에 손을 넣던 아버지 얼굴이 무섭게 변했다. 돈이 없어졌다며 바지 주머니를 연신 뒤적이며 소리를 질렀다. 쳐다보던 아저씨가 "버스에서 쓰리 당했군."

불같이 화내는 아버지 눈치를 보는데 동생 울음보가 터졌다. 엿장수 아저씨가 고개를 저으며 동생 손에 생강엿을 들려주었다. 동생은 울음을 멈추고 엿을 먹었다. 아버지가 무서워 말은 못 했지만 나도 생강엿이 먹고 싶었다. 아저씨와 동생을 보고, 엄마랑 아버지를 쳐다봐도 아무도 나에게 생강엿을 주지 않았다. 어떤 맛일지 궁금했지만 입 다물고 조용히 있었다. 엄마에게 소리치던 아버지가 나를 향해 "하여간 계집애 때문에 되는 일이 없어." 또 그 말이다.

난 지금도 이해하지 못한다. 왜 엄마 아버지가 툭하면 너 때문에 되는 일이 없다고 한 건지. 궁금했지만, 아버지가 무서워 끝내 물어보지 못했다. 늘 술에 취해 있는 아버지는 조금만 자신의 마음에 거슬려도 버럭 소리부터 질렀다. 때로는 손에 닿는 아무거나 집어던지기도 했다. 언제가 한 번은 아버지가 던진 재떨이에 콧등을 맞아 정신을 잃은 적도 있었다. 그 사건 이후로 아버지가 마른하늘에 날벼락 치듯 소리치면 내 머릿속은 하얘졌다.

결국 우리는 창경원에 들어가 보지도 못하고 집으로 오는 버스에 탔다. 그만하면 좋았으련만 내가 사고를 쳤다. 갈 때와 달리 한가한 버스에서 흔들리다가 기어이 토하고 만 것이다. 아침부터 먹은 게 없는 빈속이라 노란 물만 조금 나왔지만 수그러들던 아버지 화를 다시 불러내기에는 충분한 양이었다. 갑자기 뺨에 아버지 손이 세게 날아들었다. 버스 바닥에 쓰러지는 나를 엄마가 힐끗 쳐다봤다.

동생이 놀라 울음을 터트리자 엄마가 품에 안고 달랬다. 나도 안기고 싶어 쳐다보았지만 엄마 시선은 차가웠다. 나를 보는 엄마는 항상 그랬다. 동생을 보면 절로 벌어지는 입이 나만 보면 꾹 다물어졌다. 영문 모를 아버지의 손찌검과 얼음 같은 엄마에게 아무 말도 못하고 버림받은 강아지처럼 쪼그리고 앉아 집으로 돌아왔다.

결혼하고 나서 얼마 안 되었을 때다. 큰아이 손을 잡고 동학사 벚꽃놀이에 갔다가 대패 생강엿을 봤다. 장난감에 홀린 아이를 달래 생강엿을 샀다. 아이 손에 건네기 전에 생강엿을 조금 베어 물었다. 달콤하고 매콤한 맛이 입안에 퍼졌다. 생강엿 맛이 이랬구나. 어쩐지 그 맛이 마치 내가 걸어온 길처럼 느껴졌다. 단맛으로 포장하고 다가와 잊지 않게끔 매운 향기로 마무리하는 생강엿 맛을 확실히 알게 되었다.

문득 궁금해진다. 하늘 높고 바람이 싱그럽던 그날 아침, 아버지는 무슨 생각으로 창경원에 가자고 했을까. 어쩌면 그날 아버지는 그때까지와는 다른 삶을 살아보려는 마음이었을까. 그러기에 평소와 달리 우리를 데리고 소풍 갔으리라는 생각은 나의 지나친 상상일까. 상상은 상상일 뿐 현실은 달라지지 않는다. 그럼에도, 그날 생강엿을 먹었더라면 내 인생은 달라졌을지 모른다는 생각이 떠나지 않는다. 만약 출발할 때와 마찬가지로 웃으면서 소풍을 마쳤더라면, 버스에서 돈을 잃어버리는 일이 없었더라면, 들어가지 못했던 창경원에 들어갔었더라면, 그런 생각들이 꼬리에 꼬리를 물고 이어진다.

일제강점기에 왕의 궁정이 창경원으로 불리다 마침내 이름을 되찾아 창경궁이 되었듯, 우리 집도 그날을 기점으로 바뀔 수 있었을까. 역사는 원래의 이름을 회복했는데, 우리 집은 끝내 그러지 못했다. 그래도 나는 안다. 생강엿의 단맛과 매운 향이 번갈아 남듯, 슬픔과 기쁨이 서로를 밀어내며 길을 만드는 게 아닐까. 하늘이 참 푸르다. 그 푸름 속에서 나는 아주 조금 다른 맛을 배웠다.

## 수박화채


온몸이 땀투성이다. 땀방울이 쉬지 않고 얼굴과 목덜미를 공격한다. '덥다'라는 단어가 정수리에 똬리를 틀고 꿈쩍하지 않는다. 이렇게 더운 여름이 있었는지 기억의 서랍을 뒤적여본다. 문득, 무더운 여름날을 달래주던 수박화채가 떠오른다.

나는 산골짜기에 살았다. 어떤 이는 산골짜기라는 말에 어딘가 숲이 울창한 산골 마을을 상상할지도 모르겠다. 한 발 더 나아가 산골소녀의 순박하면서 조금은 어리바리한 모습을 떠올릴지도. 세상 물정 모르는 순진한 산골소녀가 도시에 적응해가는 모습을 상상하면서 어떻게 변했을까 궁금할 수도 있겠다. 하지만 내가 나고 자란 산골은 강원도나 전라도 혹은 경상도나 충청도의 어느 깊은 산이 아니다. 도심 한복판에 버젓이, 그것도 대한민국에서 제일이라는 서울대학교가 있는 곳이다. 수능생을 둔 엄마들이 하루에도 몇 번씩 마음속으로 부르짖는 그 대학이 있는 관악산 언저리에 우리 집이 있었다.

경쟁 사회에서 밀려난 패잔병들이 모인 달동네. 그중에서도 우리 집은 가랑이 찢어지게 가난하다는 표현처럼 세 끼 밥 먹기도 어려웠다. 없는 집 딸들이 으레 그러듯이, 나 역시 일찌감치 일을 시작했다. 고사리 같은 손으로 일머리를 익히며 식구들 끼니 걱정을 조금이라도 덜 수 있다는 게 뿌듯했다.

어느 여름 월급날이었다. 집으로 오는 길에 시장에서 수박을 봤다. 월급날이면 아버지와 동생이 좋아하는 순대를 주로 샀지만, 그날만은 수박의 유혹을 외면하기 어려웠다. 둘 다 사면 좋겠지만 너무 많은 지출은 곤란하다. 고민 끝에 수박으로 결정했다. 얼음가게에서 얼음 덩어리까지 사서 무거운 줄도 모르고 집으로 달려갔다.

수박을 본 동생 눈이 반짝였다. 아버지도 반가운지 급하게 바늘과 망치를 찾으셨다. 엄마는 쓸데없는 짓 했다고 나무라면서도 바늘과 망치를 아버지 손에 쥐어 주셨다. 아버지가 얼음에 바늘 끝을 대고 망치로 톡 쳤다. 차갑고 야무져 틈이 없어 보이던 얼음이 쩍 입을 벌렸다. 한 조각 두 조각 나뉘는 얼음을 보면서 절로 웃음이 나왔다. 부스러진 얼음 알갱이가 꼭 눈송이처럼 보였다. 가만히 손에 쥐어보았다. 손바닥에서 금세 물이 되어버렸다. 아까운 마음에 빨아먹었다.

커다란 양푼에 수박을 수저로 푹푹 떠 넣고 얼음을 듬뿍 넣었다. 평소에 아껴 먹는 설탕까지 넣고 휘휘 저으니 금세 분홍빛 물이 차오른다. 모처럼 가족이 머리를 맞대고 만든 수박화채였다. 방에 들어갈 틈도 없이, 차려놓은 밥상도 잊고 정신없이 먹고 또 먹었다. 언제 켰는지 노란 전등불도 한들거리며 따뜻한 빛을 뿌려주었다. 한자리 끼어들려는 벌레들을 쫓으며 수박화채가 입술에 닿을 때마다 웃음이 피어올랐다.

날마다 치러야 하는 전쟁 같은 가난도, 서로에게 상처 주던 말들도, 그날만은 잠시 휴전이었다. 별처럼 반짝이는 여름날이었다. 달빛이 고왔는지, 바람은 조금 불었는지, 수박이 얼마만 한 크기였는지, 그런 세세한 것들은 모두 사라졌다. 다만, 수박물이 흐르는 입술과 불빛에 반짝이던 눈동자, 서로를 바라보며 웃던 얼굴들만 얼음 알갱이처럼 동동 떠오른다.

그랬구나, 아픈 기억만 있는 줄 알았는데 그런 날도 있었구나. 삶이 온통 회색뿐이라고 생각했던 나에게 틈이 생긴다. 진한 회색으로 채색된 대문을 열고 들어가 깜박이는 빛을 보았다. 너무 옅어 잊어버렸던 분홍빛이 내게도 있었다. 땡볕에 좀비처럼 걸어온 그 길 어딘가에 분홍빛 틈새가 있었다. 어쩌면 무더위를 날려주는 소나기처럼 그런 순간들이 나를 살게 했는지도 모른다.

십자가 같은 하루를 질질 끌면서 걸었다. 길모퉁이마다 어린아이처럼 칭얼거리며 원망을 늘어놓았다. 그 길 어딘가에서 잠자고 있던 수박화채가 내게 빛을 던진다. 죽지 못해 살았다고 생각했던 날들이 그게 아니었다고 말한다.

말년에 자리보전하고 누운 아버지가 간간이 웃으시던 순간들이 있었다. 그토록 보고 싶었던 미소였건만, 치매라는 말로 밀쳐두었던 무지한 내가 안타깝다. 짐이라고만 여겼던 가족이 사실은 나를 살게 한 원동력이었다는 걸 이제야 알 것 같다. 한 그릇의 분홍빛 물이 그 여름밤 내게로 스며들어왔다.

## 간고등어처럼

　시장에서 간고등어 한 손을 샀다. 어물전의 명품이라는 안동 간고등어가 아닌 값싼 것이었다 어머니와 남편은 조기나 갈치 아니면 손을 대지 않는다. 식구들 입에 맞추느라 간고등어는 잘 사지 않는데 오늘은 충동적으로 샀다. 비단 생선뿐일까. 모든 먹을거리는 내가 아닌 식구들 입맛에 맞춰져 있다. 서른다섯 해 넘게 끼니를 차리면서도 내가 먹고 싶은 건 항상 뒷전이었다. 왜 그랬냐며 고등어가 입을 맞대고 수군거리는 것 같다.

　서울 변두리에서 동동거리던 풋내기가 해남 땅끝에서 바다를 품고 자란 남자를 만났다. 서울과 해남의 지리적 거리가 만들어 놓은 차이를 짐작도 못 하고 겁 없이 한 쌍이 된 것이다. 살아온 과정도 생각하는 방식도 다른 두 사람이 한 지붕 아래 사는 일은 만만하지 않았다. 단둘만의 생활이었으면 좀 나았을까. 고아처럼 살아온 내게 대가족의 민낯은 소란스럽고 버거웠다. 시도 때도 없이 부는 바람처럼 그들은 나를 길들이려 했다. 내가 살아온 방식은 바르지 않고 우리의 방식이 옳다며 며느리는 그렇게 하는 거라고 가르쳤다.
　그들에게 서울내기가 살아온 방식은 어설프고 게으르고 한심해 보였나 보다. 내가 그들을 이해 못 하듯이 그들 역시 나를 이해하지 못했다. 아니, 서로를 이해하기 전에 각자의 입장을 내세웠다. 친절하지 않은 새

가족들 사이에서 나는 기가 죽어 시키는 대로 따를 수밖에 없었다. 내가 선택한 결혼이었으니까.

　아침에 눈뜨면 "넌 참 별나다", "넌 그것도 못 하냐?", "그렇게 게을러서 어디 쓰냐?"는 말로 하루를 시작했다. "어머니 그게 아니라…." 한마디 하면 "너는 똑똑해서 좋겠다."라는 말을 앞세우며 눈물바람을 하거나 머리 싸매고 누우셨다. 어머니의 그런 모습에 지극히 효성스러운 자식들은 앞다투어 왜 그랬냐는 말들을 쏟아놓았다. 무슨 말인지 들으려 하지 않는 그들 앞에서 나는 입을 다물 수밖에 없었다. 뭐든 자신만만하던 서울내기는 점점 생기를 잃고 그림자가 되어 갔다.

　어딘가 도망이라도 가고 싶지만 갈 곳이 없었다. 잠시 기대어 숨 쉴 곳이 필요했지만 남편은 내 남편이 아닌 어머니의 아들이었다. 등 푸른 고등어가 바다를 신나게 누비던 모습만 상상하다가 가시 뾰족한 성게 가족을 만난 건지도 모른다. 나는 가족이라는 낯선 사람들 사이에서 하루에도 몇 번씩 찔러대는 가시 돋친 말들을 삼켰다. 일상의 크고 작은 일들이 그들의 입맛에 맞게 돌아가는 동안 난 간고등어처럼 노랗게 물들어갔다.

　어느 물에서 놀았는지, 다 늙은 고등어 두 마리가 서로를 꼭 끌어안고 있다. 어쩌면 우리 부부 모습 같기도 한 녀석들을 바라보았다. 희뿌연 눈이라도 서로를 향한 마음으로 마지막까지 같이 가려는 걸까. 한사코 붙어 있으려는 녀석들을 풀어헤쳤다. 팬에 기름 두르고 앞뒤 뒤집어가며 생선을 굽는데 남편이 창문을 연다. 비린내가 온 집안에 진동한다는 말을 중얼거리는 그의 말이 바람을 타고 빠져나갔다.

고등어 두 마리가 방금 전까지 꼭 끌어안고 있던 모습이 떠올랐다. 두 마리가 한 몸이 되어 끌어안기까지 어떤 물길을 건넜을까. 등 푸른 날들을 함께 하기는 했을까. 아니면 저마다의 자유를 누리다가 그만 한 그물에 걸린 것일까. 어쩌면 그물에 걸려 이리저리 밀쳐지다가 원치 않는 인연을 만난 것인지도 모르겠다. 선택을 했다는 핑계로 남편 가족들에게 맞춰 살았다. 돌이켜 생각해 보면 남편이 그렇게 싫고, 시댁에서 힘들기만 했다면 진작 그만뒀으면 될 일이다. 그런데도 참아내고 함께 살아온 까닭은 무엇일까. 어쩌면 지기 싫어하고 실패를 인정하고 싶지 않아 몽니를 부린 것일지도 모른다.

푸르던 날들이 지나갔다. 모난 돌이 정 맞듯이 어설픈 서울내기가 시댁 식구들과 함께한 날들은 쉽지 않았지만 동그란 웃음은 지을 수 있게 되었다. 창문을 여는 남편 등이 구부정하다. 아내와 어머니 사이에서 몸살 하던 그도 푸른 날들을 잃어버렸다. 이제 우리 부부는 간고등어처럼 흐린 눈빛과 그다지 싱싱하지 않은 냄새로 한데 묶여 있다. 그러나 소금은 상하지 않도록 삶을 버텨 주는 방식이기도 하다. 간을 세게 했다가 덜 했다가 서로를 보며 끝내 간을 맞춰 온 세월이다. 마음이 짠맛만 내던 때도 있었지만, 그 짠맛 덕에 우리가 상하지 않았다는 생각을 요즘은 한다. 그만하면 잘 살았다고 위안하며 함께 늙어가고 있다.

# 쌍화차 한 잔

발밑이 흔들린다. 익숙해질 때도 되었건만 주사 맞을 때마다 어지럼증이 인다. 맨 처음 눈동자에 주사 맞을 때는 비가 내렸는데 오늘은 맑은 날이다. 알 수 없는 건 하늘이 맑은데, 아주 푸르게 웃고 있는데 비가 내리는 것처럼 느껴진다는 것이다. 무슨 까닭일까, 울적한 마음과 달리 너무나 쾌청한 하늘을 올려다보았다. 안대 속에 빗방울이 맺힌다. 몽글몽글 가슴 언저리에 맺히려는 비를 지워야겠다. 비틀거리는 발에 힘을 주었다. 얼마나 걸었을까 언젠가 친구가 알려준 전통찻집이 보인다. 문을 열고 들어갔다.

비교적 한산한 실내를 두리번거리다 제일 구석진 자리에 앉았다. 곱상하게 생긴 여주인이 주문을 받으러 왔다. 몸도 마음도 을씨년스러워 쌍화차를 주문했다. 친구가 여긴 대추차가 좋다고 했던 생각이 떠올랐지만 그냥 쌍화차로 결정했다. 허기진 배가 꼬부라져 탁자에 비스듬히 기대앉았다. 그 모습이 여주인 보기에 딱해 보였을까. 혼자 먹기에는 제법 많은 양의 주전부리를 차와 함께 내주었다.

쌍화차를 한 모금 마시고 과일을 집어 먹었다. 하나둘 색색의 과일을 집어 먹고 있자니 가래떡이 구워져 나왔다. 과일에 따끈한 가래떡, 쌍화차까지 마시자 비로소 허기가 가셔졌다. 찻잔에서 뭉게뭉게 옛이야기가 피어올랐다. 맨 처음 쌍화차를 사주었던 사람, 가깝고도 먼 그 사람이…….

열세 살 무렵 가출을 한 적이 있다. 초등학교 졸업식 전 겨울방학이 막 시작했을 때였다. 친구들이 하나둘 중학교 입학을 한다고 들떠 있을 때 나는 중학교에 갈 꿈도 꾸지 못했다. 그래도 최소한 초등학교 졸업식은 참석할 줄 알았는데 그마저 못하게 되었다. 졸업식 전에 남의 집 애보기로 가야 하기 때문이었다. 정말 싫었지만 도리 없었다. 그래도 내키지 않아 이런저런 궁리를 하는데 엄마 딸이 보낸 편지가 생각났다.

엄마 딸인 그녀는 나와 아버지가 다르다. 언젠가 그녀가 결혼한다며 엄마를 찾아온 적이 있었다. 엄마는 사는 꼴이 이래서 도와줄 수 없다며 무표정하게 앉아있었다. 그녀는 그냥 결혼하는 줄이나 알고 있으라며 힘없이 웃더니 일어섰다. 호기심에 빤히 쳐다보는 나를 보더니 머리를 쓰다듬으며 "내가 언니야, 앞으로 언니라고 부르렴." 하는 말을 남기고 떠났다. 그 뒤 형부라는 사람과 한 번 다녀가고 편지가 왔다. 편지 내용은 모르지만 겉봉에 쓰인 주소는 확실하게 기억하고 있었다. 생전 처음 본 언니가 형부랑 산다는 임실이 어떤 곳인지 상상의 날개를 펼친 적이 있기 때문이다.

그곳에 가면, 언니라면 어떤 방법이 있지 않을까 싶었다. 지푸라기라도 잡고 싶은 심정이었다. 형부가 면사무소에 근무한다고 했으니 면사무소만 찾아가면 될 것 같았다. 다음 날 새벽에 엄마 지갑에서 돈을 훔쳤다. 첫차를 타고 서울역으로 가서 임실행 기차를 탔다. 금세라도 엄마가 쫓아와 뒷덜미를 잡아챌 것 같아 두려웠지만 애써 태연한 척 창밖만 바라보았다. 마침내 임실에 도착해 면사무소에 전화를 했다.

"안녕하세요. 혹시 박○○라고 계세요?"
"네 제가 박○○입니다."
"저 희경이에요."
"누구? 어떻게 여기까지. 누구랑 같이 왔니?"
"저 혼자 왔어요."
"거기서 잠깐 기다리렴. 금방 나갈게."

얼마 지나지 않아 형부가 나타났다. 지금 생각해 보면 많이 놀랐을 텐데, 내색하지 않고 근처 찻집으로 나를 데리고 갔다. 찻집에 앉자, 다방 마담이 생글거리며 다가왔다.

"주사님 이 시간에 웬일이세요? 꼬마 아가씨는 누구고?"
"아, 우리 처제야. 겨울방학이라고 서울에서 놀러 왔네. 여기 쌍화차 두 잔 줘."
"알았어요."

기차 타고 임실까지 내려간 용기는 꼬리 감추고, 잔뜩 풀 죽은 나는 고개를 숙이고 앉아있었다. 형부는 가만히 바라보더니 갑자기 내 손을 잡고 말했다. "언니한테 전화했으니까 이따가 퇴근하고 같이 집에 가자. 혼자 먼 길 오느라고 많이 힘들었겠다." 나도 모르게 눈물이 나왔다. 형부는 커다란 손에 힘을 주면서 '괜찮다고, 울지 말라'고 했다. 잠시 후 형부는 들어가야 한다며 다방 마담을 불렀다.

"우리 처제 여기 좀 있어도 되지? 낯선 곳이라 길 잃을까 봐, 조금 일찍 퇴근해서 데리러 올게."
"그러세요. 꼬마 아가씨 내가 잘 보고 있을게요."

계란 노른자가 떠 있는 쌍화차는 차디차게 식어가고 형부는 어디 가지 말고 얌전히 있으란 말을 남기고 나갔다. 얼마나 시간이 흘렀을까. 졸음에 겨워 고개를 꼬박이는데 형부가 들어왔다.

"처제, 집까지 산길을 넘어가야 하는데 자전거 뒤에서 괜찮을까 모르겠네. 얼른 집에 가자."

형부가 밟는 자전거 뒤에 앉았다 내렸다 하면서 산골 마을에 도착했다. 저만치 앞에서 언니가 손을 흔들었다. 가까이 다가가자 무작정 안아주는 품속에서 또다시 눈물샘이 터졌다. 언니가 어른한테 인사부터 드리자며 눈물을 닦아주었다. 형부랑 언니가 나를 데리고 안으로 들어가자 할머니 한 분이 앉아계셨다.

"어머니, 서울에서 처제가 왔어요."
"그려? 어쩐 일로 이 먼 곳까지 왔다냐?"
"방학이라 놀러 왔다네요. 먼 길 오느라 지쳤을 테니 일단 작은방에 재울게요."
"그려 어여 들어가 쉬게 해라."

언니가 저녁밥 차릴 때까지 잠시 누워 있으라며 깔아준 이불에서 깜박 잠이 들었다. 언니와 형부가 도란도란 나누는 이야기가 꿈속에서처럼 들렸다.

"어쩐 일일까요?"
"그러게, 쟤도 힘들겠지. 아버지는 허구한 날 술에 취해 있고 엄마는 정을 안 주니……. 그래도 조그만 게 용감하기도 하지, 여기가 어디라고."
"정신없이 자네. 저녁은 이따가 따로 줘야겠어요. 얘기도 나눌 겸."
"그게 좋겠소."

자장가처럼 다정한 말을 흘려들으며 언니와 형부가 엄마 아빠였으면 좋겠다고 생각하면서 단잠에 빠져들었다.

쌍화차 한 잔의 향기가 너무 진했나 보다. 향기에 취해 먼 여행을 다녀왔다. 우여곡절 끝에 집에 돌아와 살아남기 위해 최선을 다하던 순간들이 간이역처럼 불빛이 켜진다. 그날 가슴 따뜻한 사람들이 있던 임실에 다시 가보고 싶다. 가슴 먹먹해지던 그 순간으로 돌아가 한 번 더 그 품에 안기고 싶다. 사는 게 바빠서, 뭔가가 어색해서, 정겹게 지내지 못했다. 그래도 잊지 않고 일 년에 한두 번씩 안부를 묻는 언니한테 난 어떻게 대했는지 미안한 마음이 든다. 찻집에서 나오며, 손자 돌보느라 정신없다는 말을 끝으로 소식이 뜸해진 언니에게 가야겠다는 생각이 들었다. 그때처럼 "저 희경이에요." 찾아가서 언니와 형부에게 맛있는 밥을 한 끼 대접해야겠다.

## 63쪽에서 잠시 휴식

 재미있다. 기껏해야 100쪽 될까 말까 하는 책이 흥미진진하다. 이야기가 시작부터 정신없이 휘몰아쳐 눈을 떼질 못하겠다. 50쪽이 넘어가도록 손에 땀을 쥐게 하는 긴장감이 한편으론 징그럽다. 어쩌면 이렇게 주도면밀하게 주인공을 휘두르는지. 벗어나고 싶으면서도 끝내 손에서 놓지 못하는 책 한 권의 무게가 비를 잔뜩 머금은 눈 같다.

 마지막 기말시험이 끝났다. 처참했다. 8학기 동안 성적은 시력이 내려가는 것처럼 곤두박질쳤다. 입학할 때는 야무지게 수석 졸업까지 노렸는데 간신히 졸업하게 되었다. 2년 동안 올 A에서 3년 차 들어 어쩌다 보이던 B. 그리고 마침내 4년 차, 그래도 맛은 봐야지, 하면서 C와 D가 등장했다. 처음 성적표에서 C를 보던 날의 충격이 잊히지 않는다. 표현은 안 했지만 난 완벽주의자다. 독학으로 1년 만에 중·고등학교 검정고시를 보면서도 합격이 아닌 100점을 목표로 했다. 하다못해 운전면허 시험까지도 100점 받을 정도로 은근 승부욕 있는 여자다. 그런데 이럴 수가…….
 형편없는 점수를 받아서일까. 아무것도 손에 잡히질 않는다. 에라, 모르겠다. 만사 제쳐두고 책이나 읽자. 그동안 읽고 싶은 책들을 쟁여만 두었는데 이번 기회에 마음먹고 활자 사냥을 했다. 겨울잠 자는 곰처럼 집을 동굴 삼아 둥지를 틀었다. 작년에 노벨문학상을 타면서 떠들썩해진 한강의 책 『소년이 온다』부터 시작해서 『채식주의자』까지. 그리고 김금희의 『대온실 수리 보고서』, 양귀자의 『모순』, 문미순의 『우리가 겨울을 지나온 방식』, 고수리의 『마음 쓰는 밤』, 콜슨 화이트헤드의 『언더그라운드 레일로드』 등. 소설과 에세이, 판타지 세계를 두서없이 넘나들며 탐닉했다.

12월 한 달 동안 꼭 필요한 일 외엔 외출도 안 하고 책만 읽었다. 모처럼 한가한 시간을 보낸 셈이다. 잠 자야 내일 움직인다는 부담 없이 자고 싶으면 자고, 잠이 안 오면 일어나 커피 한 잔 들고 독서 등을 켰다. 그러고 보니 틈만 나면 활자를 만지작거리던 꼬맹이가 있었다. 조그만 단발머리 여자아이가 슬프거나 기쁘거나 힘들 때마다 책이 구명줄인 양 매달렸다. 활자들의 숲을 통통거리며 달렸다. 무엇을 찾는지도 모르면서 끝없는 갈증과 허기에 허덕이며 활자들 사이에서 숨고르기를 했다.

동그랗게 등을 말고 무릎 위에 책을 펼치던 꼬마가 고개를 들고 말한다. '난 작가가 되고 싶었어. 글을 쓰면서 누군가를 가르치는 선생님이 되고도 싶었지. 그런데 아무에게도 말하지 못했어. 왜냐하면, 그때 나는 초등학교를 겨우 나온 공순이었거든. 생각해 봐, 구로공단 공순이가 선생님이 되고 작가가 되고 싶다면 말이 안 되잖아. 입 다물고 아무에게도 말하지 못하는 가슴에 구멍이 뚫렸어. 깊고 어두운 구멍에서 바람이 일고 그림자가 자랐지. 꿈과 현실 사이에 낭떠러지가 아득했어. 그래서일지도 몰라. 내 마음이 안주하지 못하고 늘 바람길을 걸었던 건 말이야.'

그랬다. 조그만 단발머리 소녀가, 꿈꾸던 내가 있었다. 사는 게 신산해서, 너무 번잡해서 까맣게 잊어버린 꿈이었다. 차마 부끄러워 말하지 못하고 혹시라도 누군가 손가락질할까 봐 꼭꼭 숨겨두었다가 너무 깊이 숨겨 나조차도 잊어버린 그런 꿈이 있었다. 그래서였다. 눈 때문에 제대로 시험문제를 읽지 못하면서도 방송대 교육학과에 가고, 국문학과를 복수 전공하는 욕심을 부렸다. 이제 다시는 오지 않을 기회이기에 몇 번의 위기에도 졸업은 하자면서 마지막까지 안간힘을 썼다.

나도 안다. 방송대를 졸업한다고 해서 교사가 되고 작가가 되는 것은 아니라는 걸. 그래도 고집스럽게 대학을 졸업했다. 어쩌다 보니 작가들의 세계에 발을 들였다. 더하여 평생교육사 자격증까지 손에 넣었다. 이제 마음만 먹으면 누군가에게 작은 것 하나라도 건네줄 수 있는 자격은 갖춘 셈이다. 흐려져 가는 시력으로 기를 쓰고 작가가 되고 대학을 졸업하기까지 나를 이끌어 온 것은 무엇일까.

그건 어린 날에 무심코 했던 생각들이 인도한 덕분이다. 책과 책으로 만든 징검다리를 건너면서 툭 던져놓았던 씨앗 중 하나가 죽지 않고 싹을 틔워 나를 끌어당겼다. 낡고 얇은 책 63쪽에 여린 초록 잎이 손을 내밀고 있다. 이 작은 잎에서 어떤 꽃이 필지 모르지만 나는 믿는다. 오래전에 던진 씨앗이 지금까지 나를 이끌어왔듯이, 앞으로도 인도해 가리라는 걸 말이다. 지금 나는 펼쳐놓은 책 63쪽에서 잠시 멈춰 충전 중이다. 숨 고르고 등을 펴고 다음 페이지의 모서리를 엄지로 살짝 집는다. 금세 또 한 잎이 넘어올 것이다.

# 그 순간을 보고 싶다

방학이라 한가하다. 물 만난 고기처럼 책에 빠져 지낸다. 눈이 시원찮아 읽는 시간보다 쉬는 시간이 더 많지만 한 줄이라도 더 읽으려고 분주하다. 책 읽다가 눈 감았다가, 그마저도 힘들면 밖으로 나간다. 어슬렁거리며 동네 한 바퀴 돈다. 핸드폰으로 참새 찍고, 꽃집 앞에서 뽐내는 꽃도 찍으면서 시간 가는 줄 모르고 걷는다. 오늘은 시장을 지나 근처에 있는 초등학교까지 갔다.

초등학교도 방학이라 조용하다. 텅 빈 운동장에 철봉이 외로이 서 있다. 아이들이 깔깔거리며 뛰어다녔을 모래바닥에 잠시 주저앉았다. 국민학교 시절이 생각났다. 내가 다니던 우신국민학교는 신길동에 있었다. 동네마다 학교가 있는 지금과 달리, 당시에는 학교가 많지 않아 먼 곳에서 통학하는 아이들이 많았다. 나 역시 집이 있는 신림동에서 학교까지 버스 타고 30분을 가야 했다. 버스비가 없어 결석을 밥 먹듯 했지만, 학교 가는 날은 즐거웠다.

어린아이가 멀리 있는 학교까지 간 이유는 단순했다. 신길동에서 학교에 입학하고 얼마 되지 않아 신림동으로 이사했기 때문이다. 부모님이 관악산 밑자락에 판잣집이나마 내 집을 갖고 싶어 그런 건 아니었다. 이사는 도시를 정화하려는 목적으로 가난한 사람들을 강제 이주시킨 당시의 정책 때문이었다. 물론 이건 나중에 내가 성인이 돼서야 알게 된 사실이다.

새로 이사한 곳에는 학교가 없었다. 그 시절 부모님 성정이라면 그 시점에서 학교를 그만두게 했을지도 모른다. 다행히 그때만큼은 부모님이 조금이나마 정상적인 사고를 했는지, 아니면 그마저도 귀찮았는지 입학한 학교에 그냥 다니게 했다. 차비가 없거나 아버지가 술 취해 온밤을 뒤집은 날이 아니면 학교에 갔다. 학교 가는 날은 마치 소풍이라도 가는 것 같았다. 달리는 버스 안에서 바깥 풍경을 볼 수 있고, 무엇보다도 집에서 잠시라도 벗어날 수 있어 좋았다.

그 무렵 우신국민학교가 있는 신길동도 그다지 부자 동네는 아니었다. 아니, 원래는 그곳 역시 도시 빈민들이 모여 사는 판자촌이었다. 재개발 붐을 타고 대대적으로 정비한 후에 부촌이 되었지만, 내가 다닐 무렵엔 가난한 집 아이들이 많았다. 그렇게 가난한 아이들 가운데서도 더 가난한 내가 초등학교라도 다닐 수 있었던 건 대단한 행운이었다. 만약 그마저도 다니지 못했다면 지금 나는 어떤 모습으로 살고 있었을까 생각하니 머리끝이 쭈뼛 곤두선다.

내가 아는 세상은 배운 사람과 못 배운 사람, 가진 자와 못 가진 자의 경계가 뚜렷하다. 배운 사람은 부의 길에 들어서기 쉽고 못 배운 사람은 제 몸 하나 건사하기 바쁘다. 가난해서 배우지 못한 사람은 번듯한 직장을 갖지 못하고, 자식들 역시 제대로 배움의 기회를 얻지 못한다. 결국 가진 자와 못 가진 자의 계급은 대대로 이어지는 것이다. 배운 사람들 역시 그들 나름의 어려움이 있지만, 그 어려움이 하루 벌어 하루 먹고살기 바쁜 사람들에 비하면 행복한 고민이지 싶다.

어쨌든 배운 사람과 못 배운 사람의 차이야 내가 어쩔 수 없는 부분이고, 요즘 나의 관심사는 못 배운 사람들에게 있다. 못 배운 사람 중에서도 글자조차 모르는 사람들에게 관심이 간다. 요즘 세상에 글자를 모르는 사람도 있을까 싶지만, 주변을 둘러보면 여전히 읽지 못하는 사람들이 있다. 살아가는 데 있어 글자를 아는 것과 모르는 것은 또 다른 경계가 된다. 그건 고등교육을 받은 사람과 그렇지 못한 사람의 삶이 다르듯이, 글자를 아는 것과 모르는 사람의 삶은 다르게 전개되기 때문이다.

며칠 전 우연히 한 사람을 만났다. 책방에서 책들의 유혹에 빠졌다가 화장실에 가려던 참이었다. 생면부지인 사람이 말을 걸었다. "자네는 좋겠네. 글씨를 알아 책을 읽을 수 있으니 말이야." 건물을 청소하는 분이었다. 급한 볼 일도 잊고 우뚝 섰다. 그분은 나보다 열 살 정도 많아 보였다. 처음 보는 분이라 그냥 웃음으로 답했다. 웃음이 용기를 북돋았는지 말문이 터지면서 이런저런 이야기를 하셨다. 글을 몰라 힘들게 살아온 이야기들이 두서없이 쏟아져 나왔다. 얼마나 한이 맺혔으면 낯선 나를 붙들고 이야기보따리를 풀까. 그 마음이 안타까워 한참을 들어주었다.

화장실 입구에서 길어진 이야기를 마치며 그분은 몇 번이나 사과했다. 자신은 책방을 매일 보면서도 책 한 권 못 읽는데, 내가 이 책 저 책 들여다보는 게 부러워 쓸데없는 말을 걸었다고 하셨다. 괜찮다고 하면서, 원하신다면 도와드리겠다고 했다. 이런저런 방법들을 알려드리면서 시간 내기 어려우면 짬짬이 나라도 힘이 되어주겠다고 제안했다. 그분은 잠시 고민하더니 "이 나이에 무슨 공부"냐며 고개를 흔들었다.

일상에 치여 휘청거리면서도 책을 놓지 않았던 어린 내가 있었다. 슬플 땐 입술을 꽉 깨물고 눈물에 매몰되지 않으려고, 기쁠 땐 행여 좋은 순간을 놓칠까 봐 두려워하면서 글자라고 생긴 건 다 읽었다. 국민학교 졸업식도 못하고 일만 하는 처지가 억울하고, 공부하고 싶은데 그러지 못하는 내가 안쓰러웠다. 열심히 일해도 밑바닥 생활을 벗어나지 못하는 게 약이 올라 틈만 나면 책을 파고들었다. 현실에서 할 수 있는 게 그것뿐이라 더 안간힘을 쓰며 매달렸다. 내게 책 읽기는 일종의 도피처였다. 매 순간 글자들이 내 안으로 스며들었다. 작은 글자들이 콩나물시루에서 콩나물 자라듯이 나를 키웠다.

지인들은 묻는다. 늦은 나이에 무슨 공부를 그리하는지, 왜 하는지. 난 공부하고 싶어 안달하던 사람답게 살기 위해 몸부림치던 지난날을 잊지 못한다. 좀 더 나은 삶을 꿈꾸지 못하게, 옴짝달싹 못하게 옭아매던 가난과 무지의 시간은 깊고 어두운 동굴 같았다. 그 동굴 속에서 까맣게 일렁이던 시간을 변화시키고 싶다. 나만이 아니라, 배우지 못해 입 다물고 살아야 하는 사람들의 깜깜한 동굴에 작은 햇살로 다가가고 싶다. 알려주고 싶다. 책 속에 숨겨진 금은보화를 캐내는 방법을. 글자 하나가 비추는 세상이 얼마나 아름다운지를. 한순간 보석처럼 반짝이는 그 눈빛을 보고 싶다.

오늘도 운동장 한쪽에서 철봉이 해를 품고 서 있다. 천천히 일어나 먼지를 털고 나는 다시 동네를 돈다. 집으로 돌아가는 길에 작은 메모 하나를 꺼낸다. 나의 오래된 소풍이 아직 끝나지 않았다는 듯, 페이지 사이에서 바람이 분다. 나는 그 순간을 향해 걷는다.

# 횡설수설

김훈 작가는 '밥벌이의 지겨움'을 썼다. 난 무엇을 쓸까. 머릿속에서 글자들이 통통거린다. 생명체라도 되는 것처럼 제멋대로 뛰어다니는 녀석들을 붙잡아 멋지게 꾸며주고 싶다. 잠자리채로 탁 잡아채 살을 붙이고 옷 입혀, 콧구멍에 바람 한 번 불어 넣으면 금세 살아날 것 같은데 막상 종이 위에 앉히려면 사라진다.

태초에 신이 세상을 창조할 때는 어땠을까. 여기저기 흩어져 있는 세포들을 붙들어 하나는 해바라기 꽃을 만들고, 버들강아지를 만들고, 꼬물꼬물 기어다니는 지렁이, 껑충껑충 뛰어다니는 캥거루, 밤거리의 일탈을 감시하는 고양이를 만들고 흐뭇한 미소를 지었을지도 모른다. 하늘 아래 날아다니는 잠자리를 만드는 신의 손길은 좀 더 세심했을 것 같다. 어쨌거나 신은 자신의 피조물과 말이 통했을 것이다. 다만 피조물들끼리의 소통은 어땠는지 짐작이 가지 않는다. 해바라기는 자신이 태양을 따라 얼굴 돌리는 이유를 도마뱀에게 말했을까. 고양이는 민들레를 만나 어떤 말을 건넸을까. 캥거루는 껑충거리다가 실수로 밟은 개미에게 사과했을까. 이런저런 생각들이 난분분하다.

맨 처음에 신은 하늘과 땅, 빛과 어둠, 식물과 동물, 온갖 기상천외한 무생물을 만들었다. 마지막으로 인간을 만들고 다 이루었다고 선언했다. 시간이 훌쩍 널뛰기한 지금 이 순간, 신은 어떤 생각을 하고 있을까. 숱한 창조물 중에서 유독 인간이란 종만 세상을 변화시키겠다고 제멋대로 행동하는데, 그걸 바라보는 신은 흡족하게 웃고 있을까. 아니면 도를 넘는 인간들 때문에 머리 싸매고 계실까. 움치고 뛰어봐야 창조물에 불과하면서 신이 되고자 했던 피조물은 지금 어디서 무엇을 하고 있을까. 쓸데없는 생각에 빠져 신의 마음을 궁금해하는 나는 뭔가. 뇌 속에 나사라도 하나 빠진 건 아닌지 모르겠다.

끊임없이 일어나는 생각들을 가라앉히기 위해 책을 펼친다. 글자들의 숲에서 어슬렁어슬렁 산책한다. 책은 아무에게도 말하지 못한 궁금증을 해소해 주기도 하고, 때로는 더한 궁금증을 낳는다. 앞서 간 이들이 책 속에 숨겨 놓은 비밀을 찾는 놀이는 중독성이 있다. 나는 놀이나 일의 구분 없이 싫증을 잘 낸다. 하지만 글자들과 노는 건 아무리 해도 지치지 않는다. 왜냐하면, 세상에 책은 아주 많고 그걸 다 읽을 재간이 없으니까.

오늘은 책에서 적산온도란 말을 처음 만났다. 적산온도가 뭔지 몰라서 사전을 찾아보았다. 식물이 꽃을 피우기 위해 필요한 온도를 저장하는 것이라고 한다. 식물이 생존에 필수조건인 최저온도와 최고온도 사이의 잉여 온도를 몸에 저장해 두었다가, 필요한 온도가 다 모이면 그제야 꽃을 피운다니 놀랍다. 봄과 여름에 피는 꽃이 다르고 가을과 겨울에 피는 꽃이 다른 이유가 거기에 있다는 건 전혀 생각하지 못했던 부분이다.

적산온도 뒤에 슬며시 적산 단어란 말이 따라왔다. 적산이란 말이 이미 계산한 결과에 수치를 계속 더하여 계산한다는 뜻을 갖고 있다면, 적산 단어란 말도 아주 터무니없는 말은 아닐 것이다. 제자리에만 있는 식물이 온도를 저장했다면 사람은 어떠한가. 사람은 일생 동안 다양한 활동을 하면서 많은 것을 깨우친다. 때로는 가만히 앉아 책을 길잡이 삼아 세상을 유람하기도 한다. 요즘은 책뿐만 아니라 다양한 매체를 통해서도 온갖 다양한 것들을 만날 수 있다.

먼지 나는 이야기지만, 90년대 초반에 가정용 컴퓨터가 나오자마자 큰아들에게 사준 적이 있다. 딴에는 제법 큰돈을 들여 컴퓨터 관련 개인교사까지 붙여주었다. 앞으로는 컴퓨터가 세상을 바꿀지도 모른다는 생각이 들었기 때문이다. 내 아이가 혁신적인 도구를 두려워하지 않고 자유자재로 다루면서 시대를 앞서가길 바라는 마음이었다. 너무 과하다는 남편 반대에도 아이를 위한다는 핑계로 과감하게 했다.

커다란 덩치로 시작했던 컴퓨터가 빠른 속도로 변화하고 있다. 일례로, 요즘 너나없이 들고 다니는 휴대폰의 성능은 상상을 초월한다. 자그마한 휴대폰 하나로 책을 읽고 궁금증을 해결하는가 하면, 게임이나 쇼핑을 하기도 한다. 나 역시 휴대폰으로 글을 쓰고 사진을 찍으면서 잘 활용하고 있다. 단순하게 전화 통화로 시작했던 휴대폰이 고도의 컴퓨터가 된 것이다. 오래전 아들에게 사주었던 컴퓨터는 명함도 못 내밀 정도로 휴대폰이 우리 일상에 큰 몫을 하고 있다.

하지만 나는 여전히 종이책이 좋다. 손가락에 침 발라가며 넘기던 책갈피가, 글자와 글자 사이의 여백이 품고 있는 무언가가, 글자에서 뿜어져 나오는 그 오래된 향기가 좋다. 하나의 문장이 다음 문장을 불러들이는 순간이 감미롭고 내가 모르던 사실을 은근히 알려주는 센스가 마음에 든다. 그렇게 책을 가까이한 시간이 제법 길다. 문득, 철들기 전부터 읽어온 책에서 내게 스며든 단어들은 얼마나 될지 궁금하다. 분명 단어에 단어가 더해져 지금의 나를 만들었을 것이다.

　보고 싶다. 적산온도가 채워지면 꽃을 피우는 식물처럼, 내 안에 쌓인 단어들이 꽃피우는 순간을. 단어들이 잠에서 깨어 춤추며 날아오르는 순간을. 적산온도란 말이 새끼를 쳐서 적산 단어로 탈바꿈하더니 나를 두드린다. 통통 튀며 제멋대로 날뛰는 글자들을 하나의 문장으로 바꾸라고. 알게 모르게 저축한 단어들이 이자에 이자를 낳는다면 얼마나 좋을까. 써야만 살 수 있는 어려움을, 밥벌이의 지겨움으로 표현한 작가를 닮고 싶다. 나도 쓴다는 행위로 살아가면서 밥벌이의 지겨움을 경험하고 싶다. 이 아침 가슴이 뛴다.

# 크레센도

음악영화 〈크레센도〉를 보러 갔다. 자신은 이미 봤지만, 다시 봐도 좋은 영화라며 표까지 예매해서 부른 문우 덕분이다. 상황이 좋진 않았다. 눈에 말썽이 생겨 안정해야만 한다. 더구나 평소 가까이하지 않는 클래식 음악을 주제로 한 영화라니 지루할지도 모른다는 생각이 앞섰다. 하지만 음악에 일자무식이나 다름없는 나를, 클래식의 세계로 안내하고자 하는 배려가 고마워 군소리 없이 나갔다. 가기 전에 '크레센도'란 말이 무슨 의미인지 찾아보았다. '점점 더 세게'라는 뜻이란다. 피식 웃음이 나온다. 초등학생 아니, 유치원생도 알법한 말을 사전에서 찾다니. 나의 무식을 다시금 깨달으면서 오늘은 배우는 자세로 영화를 봐야겠다고 각오를 다졌다.

건반 위에 손가락이 열심히 내달린다. 연주자의 땀방울이 뚝 떨어진다. 앞머리가 흠뻑 젖었다. 하얀 건반과 검은 건반이 쉬지 않고 껑충거린다. 극장 안이 온통 음표들의 놀이터다. 부드럽게, 경쾌하게, 진중하게, 깊이 있게 각자의 개성대로 춤을 춘다. 바람이 분다. 햇살 아래 반짝이는 연초록 이파리들, 빗방울에 젖은 잠자리가 날개를 꼼지락거린다. 바람결을 타고 낯선 향기가 내게로 온다. 점점 더 세게.

올해 나이 18세라는 임윤찬이 이번 경연의 우승자다. 클래식 연주자가 탄생하는 순간을 다큐멘터리로 보여주는 영화에서 최연소 우승자인 그가 웃고 있다. 수줍고 약간은 어눌한 말투로 인터뷰하는 그를 보면서 문득 마음이 고요해진다. "하늘에 있는 사람들에게 보내는 이야기"라는 그의 연주는 과연 문우의 표현대로 뛰어났다. 클래식이라고는 전혀 모르는 나도 흠뻑 빠져들었다. 어린 나이에 그런 연주를 하다니, 심사위원들 말대로 하늘이 주신 재능이 분명하다.

임윤찬과 함께 출연한 사람들 모두 열성적으로 연주한다. 그중 한 사람, 안나 게뉴시네에게 눈길이 갔다. 31세의 임산부로 경연 대회에 나온 여자다. 수수한 옷차림에 뱃속에 있는 둘째 아이가 아들이라서 이름을 제리라고 지었다는 그녀. 첫아들인 톰과 둘째 아들 제리를 합치면 '톰과 제리'가 된다며 호쾌하게 웃는 그녀가 맘에 들었다. 전 세계에서 온 연주자들이 모인 경연장에서 임신한 몸으로 농담까지 할 수 있는 여유가 보기 좋았다. 꾸미지 않은 옷차림과 편한 신발, 활달한 걸음걸이, 장난스럽게 웃다가도 피아노 앞에 앉으면 달라지는 여자. 오늘 나의 수확은 임윤찬의 순수함과 안나 게뉴시네의 도전하는 정신을 만난 것이다.

여전히 클래식 음악에 대해선 잘 모른다. 음악이 들리면 순간 빠져들지만 곡명조차 모르는 경우가 태반이다. 어쩌다 곡명을 들어도 오래 기억하지 못한다. 흔히 말하는 베토벤이나 모차르트의 음악조차 내게는 남의 나라 이야기다. 내게 있어 음악은 도심에서 흔하게 접하는 자동차 소리, 빗소리, 아이들이 재잘거리는 소리처럼 거리에서 익숙하게 들려오는, 어찌 보면 소음이라고도 할 수 있는 것들이다. 딱히 노력하지 않아도 들리는 그 소리들이 없는 곳에선 살짝 불안하기까지 하다.

그중 내가 즐기는 음악을 고른다면 단연 새소리다. 행동반경이 도심이라 다양한 새를 접하지 못하지만, 새소리만 들리면 나도 모르게 발길이 멈춘다. 짧은 목을 길게 빼고 가로수 사이에 숨어있는 새를 찾아 연신 두리번거린다. 운 좋게 참새 뒤꽁무니라도 보는 날이면 횡재한 것처럼 신이 난다. 대부분의 사람들이 유해 조수라고 싫어하는 비둘기조차 내게는 다정한 음악이다. 구구구 꾹꾹 하면서 공원 풀밭에서 연신 부리를 쪼아대거나 후드득 날개 펼치는 소리는 언제 들어도 좋은 연주다.

잊을만하면 창문을 두드리는 빗소리, 수도꼭지에서 톡톡 떨어지는 물방울 소리, 가지에서 바람에 흔들리던 목련 잎이 땅으로 털썩 내려앉는 소리가 좋다. 지금은 곁에 없지만 목쉰 강아지가 컹컹 짖어대던 소리는 다시 듣고 싶은 음악 중 하나이다. 클래식 음악은 이런 자연과 일상의 소리를 더 높은 차원에서 표현한 것이라는 말을 들었다. 하지만 아직 내게는 들리지 않는다. 어쩌면 클래식은 어렵다는, 나와는 어울리지 않는 세계라는 편견이 앞서기 때문일지도 모른다.

문우의 배려로 처음 본 클래식 음악영화 속에서 열정을 다하는 사람들을 보면서 작은 다짐을 해본다. 이제부터라도 클래식 음악을 들어야겠다고. 크레센도라는 단어의 의미처럼 점점 더 세게 클래식 음악에 스며들고 싶다.

# 귀여운 폭포

> 문득 폭포를 생각한다/ 저 높은 곳에서 세상을 향해/ 작은 물방울들이 한데 모여/ 땅으로 쏟아져 내리며/ 목이 터져라 외친다// 거침없는 물줄기에/ 남은 생 맡길 수 있다면/ 죽지 않으려고 살아온 날들이/ 새 힘을 얻을지도 모르겠다/ 산다는 것의 그 치열함을 다시 맛보고 싶다/ 물 만난 고기처럼/ 팔딱거리는 순간 언제였는지/ 어쩌면 웅장하지 않아도/ 이름 하나 남기지 않아도/ 잘 살았다고 알려줄지도 모른다// 폭포를 보러 가야겠다
>    - 자작시, 「폭포」 전문(『시간 너머 어딘가에』, 2024, p.47)

  여긴 천성산 홍룡사라는 절이야. 천성산은 예전에 도롱뇽을 예로 들며, 환경문제로 소란스러웠던 곳이지. 이곳에 폭포가 있어. 웅장하진 않지만 제법 운치가 있어 한번쯤 볼만해. 친구가 절 경내를 이리저리 안내하면서 설명한다. 시 창작 모임에서 폭포를 본 적이 없다고 해서 여러 사람 웃게 만들었다고 했더니 데려온 곳이다.

  지난 월요일이었다. 모임에서 폭포를 주제로 시를 써오라는 숙제를 받았다. 핸드폰 메모장에 '폭포'라는 단어를 써 놓고 여러 날 들여다보았다. 딱히 떠오르는 게 없었다. 대개의 경우 주제를 받으면 그림이 대충 그려지는데 이번에는 영 생각이 나질 않았다. 며칠을 끙끙거리다 모임 있는 날 아침에야 간신히 몇 줄 적었다. 쏟아져 내리는 물줄기를 상상해가며 썼지만 어딘가 어설픈 느낌이다. 폭포를 보러 가야겠다고 쓴 나와 달리 다른 사람들은 폭포를 직접 본 느낌을 잘 표현했다.

수업 시간에 교수님이 나이아가라 폭포를 본 경험을 말씀하셨다. 보는 지역에 따라 느낌이 다르다며 폭포에 대해 표면적인 것만 그리지 말라 하셨다. 여기저기서 나이아가라 폭포에 대한 이야기들이 쏟아졌다. 내가 너무 조용했나. 교수님이 언제 폭포를 봤냐고 물으셨다. "폭포요? 본 적 없는데요." 교수님 눈이 동그래졌다. "설마, 폭포를 본 적이 없다고, 진짜로? 그동안 지하에서만 살았나, 어째 폭포를 못 봤을까?" 하셨다. "그러게요, 진짜 지하에서만 살았네요." 하자, 강의실 안이 온통 웃음바다. 내가 생각해도 엉뚱한 것 같아 따라 웃으며 역시 폭포는 보러 가야겠다고 생각했다.

내게 폭포는 사진이나 텔레비전에서 본 게 전부다. 공원 같은 곳에 만들어진 인공폭포는 봤지만 저들이 말하는 자연 폭포의 웅장한 모습은 상상에서만 존재한다. 폭포를 보지 않고 쓴 시가 대략 80점 수준은 되는지, 조금만 손보면 대표 시로 삼아도 될 것 같다는 평을 받았다. 그나마 다행이라 생각하면서 집에 오는데 친구한테서 전화가 왔다. 수업 시간에 있었던 일을 얘기했다. 친구도 웃으면서 제법 운치 있는 폭포를 알고 있으니 부산까지 오면 데려다주겠다고 했다. 다음 날 만사 제치고 열차에 올랐다. 폭포라는 시를 쓴 다음에야 폭포를 보러 가다니 우습다. 빠른 속도로 달려가는 기차 안에서 코로나 이전에 기차 타고 경주에 갔던 일이 생각났다.

처음으로 경주에 갔다. SNS에 올라온 연꽃 사진이 너무 예뻐 직접 보고 싶었다. 사진 올린 사람들에게 물었다. 이구동성으로 부여 궁남지를 추천한다. 하지만 시내버스도 간신히 타던 때라 장거리 버스를 탈 수 없었다. 내가 버스는 못 타고 기차는 탈 수 있다고 하자 경주로 가라 했다. 두근거리는 마음으로 기차에 올랐다. 내 또래 연배들은 수학여행으로 다들 가봤다는 경주를 오십 후반에야 간 것이다. 시기가 일러 연꽃은 겨우 한 송이 봤지만 어찌나 기쁘던지 지금도 그 감동이 남아 있다.

  마침내 기차가 도착했다. 역에서 나오니 친구가 손을 흔든다. 친구가 이끄는 대로 따라갔다. 제법 한적한 곳에 있는 절에서 불교 신자인 친구를 따라 절했다. 절 마당을 지나, 크지는 않지만 제법 볼만하다는 폭포를 향해 산길로 접어들었다. 굽이진 오솔길을 돌아 드디어 폭포 앞에 섰다. 보자마자 그만 웃음이 터지고 말았다. 졸졸졸, 마치 펌프에 마중물 부으면 처음 나오는 물줄기처럼 앙증맞은 폭포가 거기 있었다. 애써 안내한 친구는 "분명 웅장한 폭포는 아니지만 볼만했는데, 비가 너무 안 와서 그런가 보다."라며 어쩔 줄 몰라 했다.

  사는 게 바쁘다는 핑계로 많은 것을 놓쳤다. 때때로 억울하고 약이 올랐지만 이제라도 폭포를 볼 수 있어 다행이다. 남들이 보았다는 나이아가라 폭포가 어떤 모습인지, 내 생전에 볼 수나 있을지 모르지만 한 가지는 분명하다. 나에게는 귀여운 폭포가 있다. 폭포 앞에서 동그란 눈으로 어쩔 줄 몰라 하던 친구와, 끊어지지 않으려고 안간힘 쓰던 물줄기가 내 안에 들어왔다. 산산한 인생길에 따뜻한 웃음꽃이 피어난다.

## 친절한 씨앗

　　세상에 일어나는 일의 최종 결론은 시작이 있습니다.
　　모든 효과는 이야기가 있고, 모든 친절은 과거에 뿌린 씨로 시작합니다.
　　　　- 메리 올리버, 「제가 일생을 통해 배운 것」 중에서

　오늘 아침, 메리 올리버의 시를 읽다가 멈칫했다. "모든 친절은 과거에 뿌린 씨로 시작합니다."라는 글귀에 한 대 맞은 듯 어지러웠기 때문이다. 무심히 책장을 넘기던 손길이 멈추면서 까맣게 잊고 있던 그림 하나가 떠올랐다.

　"네 아빠가 널 참 예뻐했지. 구하기 힘든 바나나와 노란 사과도 먹이고, 너만 보면 안고 내려놓질 않았어."

　카르마처럼, 고대 산스크리트어만큼이나 아득한 풍경이다. 그 말을 할 때, 엄마는 더없이 부드러운 눈으로 날 내려다보았다. 생각만 해도 가슴 떨리고 절대 놓치지 말아야 할 그림은 어디 숨었다가 이제야 모습을 보이는 걸까. 그토록 찾아 헤매던 행복한 가정은 어쩌자고 꼭꼭 숨어 있었을까. 조금 일찍 떠올랐다면, 엄마 아빠에 대한 나의 감정은 원망이 아닌 다른 색으로 물들었을지 모른다.
　나는 오래도록 부모를 좋아하지 않았다. 아니, 좋아하지 않았다는 건 대단히 점잖은 표현이다. 정확히 말하면, 그들을 원망하고, 심지어 저주

하기까지 했다. 생각해 보라. 부모란 사람들이 언제 벼락이 떨어질지 모르는 불안한 날들을 주었으니 어찌 원망하지 않겠는가. 하지만 맨 처음에 사랑이 있었다 한다. 부모님이 날 사랑했고, 나도 부모님을 사랑했단다. 그것이 최종 결론을 향한 시작이었다는 메리 올리버의 시를 발견한 순간, 번개처럼 가슴을 쳤다.

  올봄에 방송대를 졸업했다. 난생처음 졸업식에 참석하면서 부모님 생각을 했다. 가족을 부양해야 할 딸이 몰래 야간학교에 다니는 걸 알게 된 날, 아버지는 교과서를 쭉쭉 찢어 불길에 던졌다. 불꽃 속에서 파르륵 사라지는 책을 보면서, 어른이 되면 공부를 계속하겠다고 다짐했다. 이해할 수 없는 아버지를 말리지 않는 엄마를 원망했다. 오직 단 하나, 내가 원하는 걸 손에 쥐여주지 않는다는 이유만으로 그들을 단죄했다.
  1960년대, 딸이 예뻐서 귀한 바나나를 사 먹였다는 아버지는 기억에 없었다. 내가 아는 아버지는 술병을 끼고 어두운 곳에 앉아, 천둥과 벼락을 부리면서 세상을 제멋대로 휘두르는 신이었다. 신의 뜻에 어긋나면 언제 어느 때고 태풍이 몰아치고 기둥뿌리가 흔들렸다. 신을 잠재우기 위해 힘없는 백성들은 헐벗고 굶주린 채 술병을 날랐다.
  습지에서 피어난 이야기가 그림자를 키웠다. 막강한 힘을 가진 그림자에 사로잡힌 아이는 벗어날 재간이 없어 여기저기 상처투성이가 되었다. 다행히 친절한 씨앗 하나가 숨어 있었다. 구하기 힘든 바나나와 노란 사과를 먹이던 아버지가 있었다. 첫 시작이 친절해서, 꼬맹이는 뒤뚱거리면서도 넘어지지 않고 용케 앞을 향해 걸을 수 있었다.

제3부

속이 보이지 않는 강

## 민들레 옆에서

　보도블록 사이로 지렁이 한 마리가 기어간다. 지난밤 내린 비에 마실 나왔다가 돌아갈 때를 놓쳤나 보다. 꾸무럭꾸무럭 느릿한 몸짓이 금세라도 사람들에게 밟힐 것 같아 안쓰럽다. 두리번거리다가 부러진 나뭇가지를 집었다. 지렁이를 살살 들어 올려, 민들레꽃 사이로 옮겨주었다. 지렁이는 몸을 길게 펴고 민들레는 노랗게 환해졌다. 작은 생명이 포기하지 않고 앞으로 나아가는 모습이 용하다.

　깜짝 선물 같던 방학이 끝을 보인다. 제법 긴 방학이었다. 아니, 평생 일에 매였던 걸 생각하면 조금은 아쉬운 기간이다. 내게 있어 방학은 고장 난 몸을 땜질하고 기름칠하는 시간이었다. 몸 하나 추스르려고, 흔들릴망정 쓰러지진 않으려고 안간힘 다했다. 만 칠 년, 그동안 일하지 않은 걸로 충분했나 보다. 이제 그만 쉬라 한다.
　방학이 끝났다는 소식은 중환자실에서 날아왔다. 주(酒)님과 씨름하다가, 머리 뚜껑까지 열린 동생이 나를 불렀다. 침대에 누워 "누나! 이제 그만 쉬고 나 좀 돌봐줘. 당장 생활비도 없어." 하면서 어눌하게 웃는다. 동생 통장을 보았다. 5,490원이 찍혀 있다. 나이 육십이 되도록 모아 놓은 게 그것뿐이라니 어이없다. 술에 사로잡힌 영혼 따위와는 가까이하고 싶지 않다. 술에 취해 넘어져 뇌수술하고 중환자실에 누워 있는 건 더더욱 보기 싫다. 하지만 어쩌겠는가.

간호사가 메모해 준대로 비품을 사고, 원무과에 들려 보호자 서명을 했다. 병원비가 어느 정도 나올지 물으니, 현재까지 300만 원인데 추가로 더 나온단다. 5,490원 뒤에 동그라미 서너 개쯤 더 붙었으면 얼마나 좋을까. 다음 주엔 재활병원으로 옮기라는데 힘이 쭉 빠진다. 나도 눈 딱 감고 병원 침대에 드러눕고 싶다. 그래도 이왕 벌어진 일, 이걸 계기 삼아 새사람이 되었으면 좋겠다는 공염불을 해본다.

오른편 마비여도 먹는 건 지장 없다는 말에 다시 매점에 들렸다. 두유와 바나나를 사서 병실에 들어갔다. 사 온 것을 보더니 맥주 캔이라도 하나 사오지 하면서 타박한다. 옆에 있던 간호사가 정색하며 "환자분 술은 안 돼요." 하면서 나를 쳐다본다. 말려달라는 의미일까? '글쎄요. 저도 답이 없답니다.' 속으로 대답하고 외면했다. 나의 기도는 여전히 하늘에 닿지 않고 지상을 떠도는 중이다.

"누나, 병원비 좀 내줘. 다시 일하기 시작하면 전에 가져온 것까지 다 갚을게."
"얼마인지나 알고?"
"글쎄, 몇천만 원 되려나?"
"방 보증금 빌려준 거 빼서 작은 데로 이사해. 그걸로 병원비 해결하고."
"…이미 옮겼어. 지금은 월세야…"

말문이 막혔다. 보호자분 빨리 오라는 통화를 듣자마자 "병원비 때문에 그러네." 하던 남편이 떠오른다. 상태가 어떤지 묻지도 않던 남의 편.

하긴 그도 지쳤을 것이다. 처남 하나 사람 만들겠다고 어르고 달랜 시간이 좀 적은가. 그래도 서운한 건 나의 이기심일까. 그나저나 이제 방학이 끝났으니 주어진 일에 집중해야 한다. 동생이 던진 숙제를 어떻게 마무리할지 궁리해야 한다.

 이제 좀 살 것 같은데, 다시 팽팽하게 줄다리기하는 사람들 사이로 비집고 들어가야 한다. 어디로 어떻게 끼어들어야 내 몸이 감당할 수 있을까. 언젠가 농담처럼 "내 돈은 여행 중"이라고 한 적이 있다. 열심히 일해도 밑 빠진 독에 물 붓기처럼 나아지지 않는 형편에 웃자고 한 말이었다. 여유 있는 척, 아무렇지 않은 척했지만, 늘 비껴만 가는 돈이 얄밉다.
 버둥거리던 지렁이에게 일어난 일처럼, 누군가 나에게도 작은 나뭇가지 하나 내려주면 좋겠다. 불현듯 외롭다는 생각이 든다. 하지만, 내가 누군가. "힘내자 하희경!" 구호를 외치면서 민들레꽃처럼 웃어본다.

## 한 끗 차이

이해와 오해는 동전의 양면 같다. 두 단어 모두 뾰족한 구석이라고는 없다. 동글동글 부드러운 모양새가 제법 귀엽기까지 하다. 하지만 성격이나 쓰임새는 영 다르다. 입술 끝에 이해가 닿으면 절로 웃음이 나고, 오해는 스치기만 해도 가시에 찔린 것처럼 쓰리고 때로는 피를 흘리기도 한다. 얼핏 같은 단어로 보이지만 이해는 공기가 있어 숨을 쉴 수 있듯이 삶의 여정을 순탄하게 하는 반면, 오해는 나날이 두께를 더해가는 미세먼지처럼 우리를 숨 막히게 한다. 그러므로 언제 어디서든 두 단어를 만나면, 일단 멈춰 서고 볼 일이다.

"엄마, 코지가 공주대학교에 가게 됐어요. 입학 전에 엄마 집에서 며칠 지내도 되지요?"
"잘 됐네. 당연히 그래도 되지. 그런데 입학은 언제니?"
"3월 4일에 기숙사 들어가요."
"그래? 엄마는 3월 1일에 졸업인데. 손자는 입학하고 할머니는 졸업이라니 재미있네."

아들과 통화를 끝내자마자 남편이 바쁘게 움직인다. 평소에는 맨발로 다니기 어려울 만큼 보일러 온도를 낮추던 남편이, 손자 추울까 봐 난방 온도부터 올린다. 한국말이 서툰 손자와 소통하기 위해 번역기를 찾고 이발소에도 다녀왔다.

"엄마, 저도 같이 가요."
"정말? 엄마야 좋지. 그런데 갑자기 왜?"
"코지 기숙사도 보고, 엄마 졸업식도 참석하고 싶어서요."
"잘 됐다. 안 그래도 아빠가 코지랑 대화하려면 번역기 필요하다고 끙끙 앓으시던데."

아들이 함께 온다니 더 기뻤다.
아들은 필리핀에서 핏줄이 다른 두 아이를 아들로 받아들였다. 하지만, 이미 성인이 되어버린 큰손자는 호적에 올릴 수 없었다. 그래서 5년 후 귀화를 목적으로 공주대학교 한국어 어학과에 입학시켰다. 핏줄이 아니어도 정성을 다하는 아들이 대견하고 자랑스러웠다. 묘한 것은 아들이 사는 방식을 충분히 이해하면서도 때때로 불편함이 고개를 든다는 것이다. 왜 그럴까. 그건 아이들에게 하는 것만큼 부모인 우리에게도 해주길 바라는 욕심 때문인지도 모른다. 내가 어떻게 키웠는데, 훌쩍 타국으로 떠나버린 것도 모자라 핏줄도 아닌 아이에게 저렇게 지극정성인가 싶어 서운한 것이다. 문득, '아! 어머니도 이런 감정이셨구나.' 하는 생각이 들었다.

예전에 우리가 두 아이를 입양했을 때였다. 어머니는 그 아이들이 상급학교에 진학할 때마다 돈 많이 드는데 쓸데없는 짓 한다며 야단하셨다. 글씨 알고 셈만 할 줄 알면 심부름이나 시키다 제 밥벌이하게 두면 되지, 당신 아들 뼛골 빠지게 한다고 아침마다 아이들 앞에서 타박하셨다. 때로는 그 정도가 지나쳐 이해할 수 없었다.

그랬구나. 이제야 어머니 마음을 알 것 같다. 아들 하는 일이 자랑스럽지만 그만큼 힘들어하는 모습이 안쓰럽고, 당신에게는 무심하면서 핏줄도 아닌 애들에게 퍼주는 며느리가 곱게 보이지 않았던 것이다. 그러니 며느리가 하는 행동 하나하나가 눈에 거슬리고 성에 차지 않은 건 당연한 일이다. 차이점이라면 내가 속으로만 생각하는 걸 어머니는 바로 표현하셨을 뿐이었다.

이해와 오해는 결국 한 끗 차이다. 어머니와 나의 마음은 같은 선상에 있다. 다만 어머니를 이해하려 하지 않고 색안경을 끼고 본 내가 있었을 뿐이다. 오랜 시간 어머니를 이해가 아닌 오해로 덧 씌었던 시간들이 숙제로 남았다. 젊은 날에 두 아이를 입양해서 키우면서 생긴 숙제가 아들과 손자들을 통해 어떻게 마무리될지 기대가 된다.

속이 보이지 않는 강이 있다. 얌전한 듯 내숭떨다가도 변덕스레 소용돌이치는 강물의 흐름을 강가에 선 크고 작은 풀과 나무들이 지켜보고 있다. 저만치 강아지풀이 흔들흔들 말을 건넨다. 작은 별 지구에서 우리 모두 한 가족이라는 걸 잊지 말라고 한다. 그러니 바람이 바뀌면 시선도 바꾸고, 물결이 달라지면 자리도 한 발 옮겨 보자. 그 한 발의 차이가 오해와 이해 사이에 놓인 징검다리가 된다. 오늘도 강은 흘러가고 우리는 그 위에서 조금 더 다정해진다.

## 빛바랜 사진 한 장

카르마란 단어에 포로가 되었다. 인과응보, 인연, 운명, 업보 등은 카르마의 또 다른 이름이다. 조금은 종교적이면서 난해하기까지 한 단어가 꼭 풀어야 할 숙제처럼 따라다닌다. 그래서일까. 명절이면 오래전에 세상을 떠난 피붙이들이 찾아온다. 하늘에서 뚝 떨어진 것처럼 태평하게 지내는 내가 괘씸해서 그런지 추석이나 설날이 되면 그들이 오는 것이다. 시댁 식구들과 엎치락뒤치락하다 문득 고개를 들면 그들이 주변을 맴돌고 있다.

내 엄마, 시대의 불운을 뒤집어쓰고 살다 먼지가 된 여인. 난 엄마에 대해 아는 바가 없다. 엄마가 한 생명으로 살았던 기록은 관공서에 간단하게 한 줄 적혀 있고, 가족이었다는 걸 증명하는 건 아무것도 없다. 잠시 하나였다가 남보다 못한 관계로 떠난 뒤, 빛바랜 사진 한 장이 남았을 뿐이다. 여자치고는 큰 키에 남장을 하고 어떤 여자와 다정한 연인처럼 찍은 사진. 친한 친구와 읍내 사진관에 가서 찍은 사진인 것 같았다. 엄마를 생각하면 그 사진이 떠오른다.

사진 한 장을 통해 내가 알 수 있는 건 많지 않다. 다만 남장을 한 걸로 미루어 다소곳하고 얌전한 여인은 아니었던 것 같다. 사진에는 여자이기 전에 한 사람으로서 자유롭게 살고자 하는 모습이 비친다. 하지만 지금도 쉽지 않은 여자의 날갯짓이 엄마에게 허용되진 않았을 것이다.

아빠와 인연이 되면서 날갯짓은커녕 홀로서기도 힘들었을 엄마는, 자기 발목에 매달린 나를 미워하면서 남은 생을 보냈다.

엄마의 생이 어떤지 짐작조차 못하고 주변을 맴돌며 사랑을 구걸했다. 하지만 아무리 노력해도 그녀의 사랑은 나를 비껴갔다. 사랑이 통하지 않으면 미움이 자라는 걸까. 언젠가부터 그녀가 내 엄마가 아니길 바라는 걸로 소원의 방향이 바뀌었다. 엄마와 딸이 서로를 지우고 없었던 일로 하고 싶었던, 그런 인연을 무엇이라고 설명할 수 있을까.

부모 자식이라는 인연은 끈질긴 면이 있나 보다. 아이러니하게도 난 그토록 싫어하는 엄마를 닮았다. 크는 내내 "계집애가 아빠만 쏙 빼닮아서 보기 싫다"던 얼굴이 점점 엄마를 닮아간다. 기질도 그렇다. 지금은 덜 하지만 난 여자라기보다 남자에 더 가깝다. 난 여자들의 그 복잡미묘한 심리를 이해할 수 없었다. 여간해선 속을 알 수 없는 여자보다 마음에 들지 않으면 주먹다짐과 한 잔 술로 털어버리는 남자들 세계가 더 내 취향에 가까웠다. 한마디로 여자 친구들보다 남자친구들과 지내는 일이 편했다. 돌이켜 보면 꽁하니 말도 안 하고 술만 마시던 아빠보다, 생각나는 대로 내뱉는 엄마를 더 많이 닮은 것이다. 그런데 어째서 엄마는 내가 아빠 닮아서 보기 싫다고 했는지 알 수 없다.

남들과 비슷한 평균적인 모성이었다면, 차라리 무관심이었더라면 우린 조금은 살가운 사이로 지냈을 텐데. 내가 오랫동안 엄마 딸이라는 걸 부정했던 마음엔, 기본적으로 절대 벗어날 수 없다는 명제가 붙는다. 그 증거로 난 아직도 그녀에게서 벗어나지 못하고 있다. 잊은 듯 지내지만 결코 끊어지지 않는 엄마와 나, 카르마라는 단어 외에 어떤 말로 설명할 수 있을까. 엄마와 나는 언젠가의 전생을 거쳐 현생에서 만났다. 그리고 남보다 못한 관계로 끝났다. 지나간 건 어쩔 수 없지만 혹시 이 인연이 내세까지 이어지는 건 아닐지 두렵다. 이생에서의 상처로 다음 생에서 만날 때, 사랑하는 가족이거나, 혹은 다정한 이웃이 될 기회를 놓친 건 아닌지 염려된다.

전생의 어떤 업보가 우리 사이에 건너갈 수 없는 강을 만들었다. 바라건대 다음 생에는 너무 많이 매이지 않는 웃으며 스쳐갈 수 있는 그런 관계이길 바란다.

# 눈물꽃

김양미 에세이 『매운 생에서 웃음만 골라 먹었다』을 내려놓았다. 얼마나 매운 생이었으면 이런 이름표를 달았을까. 소제목 「발길이 닿는 곳 어디에도 인연은 있다」, 「독버섯 할머니」, 「사카린 할아버지」 등을 읽으며 이름 짓는 것에 서툰 나는 부러운 마음으로 읽었다. 빼어나게 아름다운 문장은 아니지만, 일상에서 건져 올린 팔딱거리는 이야기들이 은근 중독성 있다. 이야기 하나만 읽으려고 펼쳤다가. 대여섯 가지를 더 읽고서야 내려놓았다. 책을 덮기 전 마지막으로 읽은 건 「'변호사 우영우'가 남긴 화두」라는 이야기다. 작가는 '자폐스펙트럼 증후군'에 대한 이해 부족과 드라마나 영화에서 부풀려지는 일부 장애인에 대한 오해를 자신의 경험에 비추어 이야기했다. 난 그 드라마를 볼 때 어떤 생각을 했는지 돌아보았다.

나는 어쩌다보니 '자폐'와 '자폐스펙트럼 증후군'을 가까이에서 여러 번 경험했다. 첫 시작은 중증 장애인들이 모여 사는 장애인 공동체에서 봉사 활동하면서였다. 서울 인사동에 있는 라파엘의 집은 시각장애와 신체가 불편하거나 자폐를 함께 가진 장애인들이 모여 사는 곳이다. 보통 중복 장애인이라고 하는데, 혼자서는 생활할 수 없는 장애인들이 비장애인들과 어우러져 사는 곳이다. 난 그곳에서 난생처음 봉사활동을 했다. 거기서 만난 남편과 가정을 꾸린 후에도 장애인에 대한 관심은 계속될 정도로 그때의 경험은 특별한 것이었다.

시누이가 나보다 삼 개월 늦게 큰 조카를 출산했다. 시누 남편은 두 아이가 같은 해에 태어나고 사촌인데다, 남자라는 공통점이 있어 평생 좋은 친구가 생겼다고 좋아했다. 하지만 얼마 지나지 않아 조카의 성장과정이 뭔가 다르다는 걸 알게 되었다. 주위에서는 늦되는 아이도 있으니 괜찮다고 했지만 우리 부부는 마음에 걸리는 부분이 있었다. 시누이에게 조용히, 병원에서 검사 한 번 받아보라고 권했다. 결국 자폐라는 판정을 받고 한동안 힘들어하는 시누이 가족을 지켜봐야 했다.

우리 가족의 첫 출발이 장애인 공동체여서 그런지 모르지만, 장애인과의 인연은 계속 이어졌다. 첫아이가 여섯 살 될 무렵 딸아이를 입양했다. 이년 후 막내아들까지 입양하면서 세 아이의 엄마가 되었다. 갓난아이도 아닌 네 살이나 된 아이를 둘이나 입양한 이유는 두 아이에게 장애가 있기 때문이었다. 마치 자폐아처럼 말도 못 하고, 걷지도 못하고, 대소변도 못 가리는 아이들을 본 순간 모른 척할 수 없었.

자폐는 선천적이거나 유전적으로 뇌기능에 이상이 생긴 것으로 혼자만의 세계에 갇혀 산다. 반면 자폐와 비슷해 보이는 반응성 애착장애라고도 하는 유사자폐는 정상적으로 태어났으나, 발달과정에서 생기는 경우가 많다. 유사자폐의 경우 자폐와 달리 지능이 정상일 경우 치유가 가능하다. 전문가는 아니지만 아이들을 처음 본 순간 조금만 도와주면 정상인으로 살 수 있을 것 같았다. 결국 우리 부부는 일반 가정에 입양되거나, 말이 통하지 않는 해외로 입양되는 것보다 낫겠다는 생각으로 입양을 결정했다.

너무 쉽게 생각했는지도 모른다. 밥상에 숟가락 하나 더 놓으면 된다는 안이한 결정에 오래도록 허둥거려야 했다. 아이들은 우리 부부가 전문가가 아니라는 걸 알았는지 끊임없이 문제를 던져주었다. 시험문제를 풀 듯 하나 끝나면 다른 하나가 턱 받치고 기다렸다. 음식 씹어 먹는 것부터 시작해 대소변 가리기, 걷지 못할 정도로 굽은 다리 펴기, 원하는 게 있으면 무작정 움켜쥐고, 말리면 난리라도 난 것처럼 우는 습관 고치기 등 일상의 사소한 일에서부터 친구 사귀기, 영아기 트라우마까지 드러내며 유난했던 사춘기, 진로 문제 등 하루도 조용할 날이 없었다. 어려서는 어린 만큼, 나이 들면서는 꼭 나이든 만큼의 문제를 들고 눈앞에 서 있는 아이들. 겨우 한 아이 낳고 키우는 걸 배워가는 초보 엄마인 나는 뒤뚱거릴 수밖에 없었다.

단순히 사랑하는 마음만으로 해결하지 못할 일들이 줄을 이었다. 태어나서 만 두 살까지 거듭된 입양과 파양으로 여기저기 떠돌던 아이들은, 자신들이 받은 상처와 풀지 못한 문제의 답을 내게 요구했다. 조금만 도와주면 될 줄 알고 시작했던 일이, 도서관으로, 대학 부설 사회교육원으로 달려가게 했다. 아동심리학, 정신분석학, 집단상담, 청소년 발달심리학…… 육 년 동안 가게일하면서, 저녁마다 한남대로, 충남대로, 새벽이면 성당으로 뛰어다녔다. 숨 돌릴 틈 없이 오직 아이들을 어떻게 도와야 할지만 생각하며 삼십 대와 사십 대를 지냈다. 쉽지 않았다. 고백하자면 다시 하라면 죽어도 못한다고 손사래 칠 정도로 힘들었다. 순간순간 다 갈아엎고 없던 일로 하고 싶을 때도 있었다.

묘한 것은 그런 순간마다 아이들이 희망을 주는 것이다. 두 손 번쩍 들고 항복하려는 순간, '무슨 문제 있어?' 하며 변화된 아이들이 눈앞에 나타났다. 하루는 맘에 쏙 드는 예쁜 아이가 다음날은 미운 오리 새끼가 되고, 도저히 같이 못 살겠다 싶은 아이가 한순간 천사가 되는 요지경 같은 세상을 널뛰기하며 건너왔다. 자폐와 유사자폐, 그리고 아무것도 모르는 것처럼 보이는 영아기 양육 과정이 얼마나 중요한지를 아이들은 온몸으로 가르쳐주었다.

 김양미 작가는 "매운 생에서 웃음만 골라 먹었다"고 한다. 현명한 작가와 달리 우둔한 나는 마치 웃으면 큰일이라도 날 것처럼 눈물만 골라 먹었다. 내 상처가 덧나서 울고, 내 아이들의 상처가 안타까워 울었다. 매운 생에서 뒤뚱거리던 순간마다 눈물꽃이 피었다. 눈물꽃은 피었다는 그 자체만으로도 충분히 아름답다. 하지만 본의 아니게 매운맛을 봐야 했던 내 아이들, 그들의 눈물꽃은 없었던 것처럼 깨끗이 지워졌으면 좋겠다. 그들이 걸어갈 길에는 웃음꽃만 피어나길 가만히 빌어본다.

## 작은 선택

"엄마, 만약 형이나 누나가 이성이 아닌 동성을 좋아한다면 어떻게 생각해?"

"뭘 어떻게 생각해, 본인이 좋다면 어쩔 수 없는 거지."

"정말? 그럼 형이 남자하고, 누나가 여자하고 결혼한다고 해도 아무렇지 않아?"

"아무렇지 않은 건 아니지만 할 수 없지. 내가 대신 살아줄 것도 아닌데."

"그럼 내가 결혼 안 하고 아이만 키우고 싶다면?"

"그것 역시 네가 알아서 해야지. 단 여자에게 상처는 주지 마라. 근데 너 사고 쳤냐?"

"아니. 그냥 엄마 생각이 궁금해서 물어본 거야."

오랜만에 집에 온 막내아들과 나눈 대화다. 보통은 친구들과 나눌법한 이야기를 서슴지 않는다. 큰애들과 달리 막내의 질문은 언제나 엉뚱하고 거침이 없다. 어릴 때부터 궁금한 게 뭐가 그리 많은지 쉬지 않고 질문한다. 때로는 그런 막내가 귀찮지만 늘 그래왔듯이 소통의 끈을 놓지 않으려고 노력한다. 그건 조금은 남다른 우리 가족의 현실을 이겨내고자 하는 자구책이다. 또한, 오래전에 답을 찾기 위해 안간힘 쓰던 꼬맹이가 생각나서이기도 하다.

1960~70년대의 어른들이 대부분 그랬지만 내 부모는 유난히 강압적이었다. 다른 사람들, 특히 어린아이의 생각이나 질문은 무조건 무시했다. 단순하게 눈앞에 보이는 사물이 궁금해서 "이게 뭐야?"라는 물음에도 제대로 답을 들은 적이 없다. 궁금한 걸 해결하기 위해 먼 길을 돌면서 외롭고 힘들었던 기억이 지금도 생생하다. 그런 경험 때문에 나는 아이들이 어떤 말을 해도 흘려듣지 않는다.

30여 년 전에 큰아들을 낳고 아이 둘을 입양했다. 국내의 경우 주로 갓난아이를 입양하는데 어쩌다 보니 네 살 된 아이를 입양하게 되었다. 일반적으로 엄마가 배 아파 낳은 자식은 말하지 않아도 대부분 소통이 잘 된다. 그건 유전자가 같다는 이유도 있지만, 갓난아이 때부터 지켜봤기에 원하는 게 뭔지 엄마가 잘 알기 때문이다. 그런데 느닷없이 네 살까지 다른 환경에서 살던 아이와 한 가족이 되었다. 더구나 마음에 입은 상처가 커서 발달장애와 유사자폐라는 진단까지 받은 아이들이었다. 그러다 보니 아이의 행동이 뭘 뜻하는지, 무얼 원하는 건지 알 수 없었다. 결국 치료의 한 방법으로 아이들과 끊임없이 대화하는 방법을 택했다. 그나마 말은 알아듣는 아이들이라 다행이었다.

가정이라는 울타리가 허술해 맨몸으로 세상과 부딪히며 세상을 지나왔다. '부모가 제 자리를 잘 지켰더라면 조금은 수월했을 텐데'하는 아쉬움을 가지고 성장했다. 그 마음이 어려운 아이들을 보면 그냥 지나치지 못하게 했다. 부모가 중심을 잃는 바람에 아이들이 힘들어할 때 잠시 비바람을 피해 갈 수 있는 울타리가 되고 싶었다. 다행히 남편과 뜻이 맞아 다양한 아이들과 만날 수 있었다. 크고 작은 아이들이 며칠에서 몇 달씩 머물곤 했다. 일부는 친부모의 품으로 돌아가고, 일부는 새로운 가족을 찾아 떠났다.

그러던 중, 장애가 심한 한 아이의 부모가 친권을 포기한다는 말을 했다. 그 아이는 제대로 걷지도 못하고 대소변도 가리지 못하는 상태였다. 밤마다 휘어진 다리를 주물러 펴고, 대소변 문제를 해결하기 위해 노력하던 중이었다. 무책임한 어른들 때문에 장애까지 생겼는데, 또다시 낯선 곳에서 적응하려면 얼마나 힘들까 생각하니 안타까웠다. 고민 끝에 한 가족이 되기로 했다. 그렇게 시작한 일이 한 아이에 이어 또 한 아이를 받아들이면서 세 아이의 엄마가 되었다.

서로 다른 성장과정을 가진 세 아이의 엄마가 되면서 한 가지 다짐을 했다. '어떤 경우에도 아이들의 질문에는 진실 되게 대답하자.' 아이들의 질문에 대답하기 위해 다양한 분야에 관심을 가졌다. 답을 알 수 없는 질문에는 같이 책을 뒤적이며 아이들의 궁금증을 풀어주려고 노력했다. 물론 아이들이 친부모에 대해 질문해도 사실 그대로 말해주었다. 덧붙여 친부모가 보고 싶으면 언제든지 말하라고, 어떤 방법을 써서라도 찾아주겠다고 약속했다. 이제 아이들은 유사자폐, 학습장애, 발달장애 등의 꼬리표를 떼어내고 저마다의 자리에서 제 몫을 하고 있다. 큰아들은 필리핀, 딸은 서울, 막내아들은 세종에서 생활하는 바람에 자주 보지 못하지만 아이들 생각만 하면 마음이 따뜻하다.

아쉽게도 물질적인 면에서는 든든한 울타리가 되어주지 못했다. 열심히 노력했지만 뜻대로 되지 않았다. 비빌 언덕 하나 없이 세상과 맞서야 하는 아이들을 생각하면 미안하고 안쓰럽다. 그 미안한 마음이 오늘도 나에게 힘을 준다. 언제나 어떤 상황에서도 최선을 다하는 엄마의 모습으로 남기 위해서……

문득, 오래전에 아이들에게 울타리가 되어주려 했던 작은 선택이, 지금 나에게 든든한 울타리가 되어 있는 걸 본다. 막내가 던진 질문도, 그에 답하려는 나의 마음도, 결국 우리 가족을 한데 묶은 끈이었다. 우리는 질문으로 서로를 배우고, 대답으로 서로를 키우며 여기까지 왔다.

## 우리 아직은 그리움이 되지 말자

'날 뭐라고 표현하면 좋을까?' 글쓰기를 처음 시작할 때였다. 남들이 자신을 어떤 사람으로 보는지, 스스로는 자신을 어떻게 생각하는지에 대해 표현해 보라는 말에 아무 생각도 나지 않았다. 그에게 전화를 걸어 물어보았다. 남자는 잠시의 망설임도 없이 "오아시스, 살아있는 천사"라고 답했다. 그날 나는 오아시스라는 제목으로 글을 썼다.

"찬솔아, 나 어떻게 하니. 내가 해줄 수 있는 게 아무것도 없어."
"그러게, 어쩌자고…."

차마 그에게 전화할 용기가 없어 그녀에게 했다. 그악스럽다 할 정도로 강인한 그녀가 대전역이라며 울먹인다. 병실이 없어 입원도 못하고 검사받으러 가는 길이라며, 봇물 터지듯 흐느끼는 그녀를 무슨 말로 위로할 수 있을까. 듣고만 있는 내가 한심하다. 병든 남편에게 아내인 그녀가 아무것도 못해주듯이, 나 역시 해줄 수 있는 일이 없다. 어쩌면 좋을까.

필리핀에 있는 아들에게서 전화가 왔다. "엄마, 세영이 아빠 소식 들었어?", "아니. 왜?", "신장에 이상 있는 걸 발견했는데, 전이가 많이 됐다나 봐." 먼 길 돌아 날아온 소식이 마른하늘에 날벼락이다. 불과 며칠 전에 봤던 모습이 떠오른다. 좋아하는 자두가 익었다며 주말에 따러 오라는 걸 바쁘다는 핑계로 안 갔다. 며칠 후 외출에서 돌아오다가 주차장에 있는 남편과 그를 보았다. 날 보더니 환하게 웃으며 자두를 한 자루 안기고 대뜸 두 팔 벌려 포옹한다. 얼결에 같이 안아주고는 "남의 여자한테, 그것도 남편 앞에서 이래도 되는 거야?" 하니, "그럼 그래도 되는 사이지." 한다. 워낙 스스럼없이 지내는 사이라 남편하고 셋이 웃고 말았다. 이제 생각해보니 그날따라 평소보다 더 활달하게 행동한 게, 어쩌면 이미 자기 병을 알아서 그랬던 건 아닌가싶다.

삼십여 년 전 처음 그를 만났다. 대전으로 이사와 이웃이 되면서 가까운 거리에서 그의 일상을 보게 되었다. 그는 충청도 특유의 감성으로 느긋하고, 강아지처럼 순한 눈빛을 가진 남자였다. 당시 서른한 살 총각이었던 그는, 나와 마찬가지로 불우한 가정환경을 가지고 있었다. 둘째 아들을 돈줄로만 여기는 부모님과 술 중독자인 형네 가족 사이에서 하루도 편한 날 없이 휘둘리던 남자. 패악이라고 할 정도로 막무가내인 가족들 사이에서 그는 오직 웃음 하나로 자신을 무장하고 있었다.

가정환경 때문에 결혼도 하지 못할 줄 알았는데, 다행스럽게 한 여자를 만나 결혼했다. 행복하게 잘살길 바랐지만, 원가족의 패악은 며느리 기죽이기까지 더해 점점 더 강도를 높여갔다. 천만다행으로 그의 아내는 강인한 사람이었다. 시댁의 온갖 불합리한 말에도 기죽지 않고, 때로는 맞붙어 옳고 그름을 따지곤 했다. 생각해보면 막무가내인 부모와 고개 숙이지 않는 아내 사이에서 그의 고뇌는 더 깊이 침잠해 들어갔을지도 모르겠다. 어쨌거나 그는, 그 모든 소용돌이를 그저 말없는 웃음으로 버텨나갔다.

이웃사촌으로 시작해 삼십여 년 세월을 형제보다 더 가까운 사이로 지냈다. 내가 자란 가정과 너무 닮아 남 같지 않았던, 마치 한 배에서 나온 형제처럼 가족으로 인해 고통 받는 그가 안타까웠다. 그래서 차마 말로 할 수 없는 일들을 겪는 그와 그의 아내에게 작은 힘이나마 되려고 노력했다. 그 가정에

한 번씩 회오리바람이 불 때, 우리 집은 피난처가 되었다. 두 집 아이들은 함께 모여 놀이도 하고 봉사활동도 했다. 그렇게 아이들은 자라고, 떠나야 할 사람은 떠나고, 이제 그도 좀 편하게 지내겠구나 싶었는데 아프단다. 어지간히 복도 없는 남자다.

난 처음 만난 순간부터 지금까지 한 번도 그가 비탄에 빠진 모습을 본 적이 없다. 그러기는커녕 끝날 줄 모르는 시련에도 가족이나 성당에서 최선을 다하는 그를 보면서, 나는 남자라는 존재에 존경심을 갖기까지 했다. 크고 작은 소동이 일어날 때마다 그저 웃기만 하는 남자. 그런 그가 아프다는 소식을 들으면서, 문득 그가 넘어야만 했던 날들이 병을 만든 건 아닐까 생각해본다. 혼자 삭혀온 그 가슴에 어떤 옹이들이 자리 잡았는지, 과연 신앙만으로 그 모든 일들이 괜찮은 일이었는지…….

오래전에 뜬금없이 전화해서 내가 어떤 사람이냐고 물었을 때, 그는 망설이지 않고 대답했다. 이번엔 내가 그에게 "당신은 오아시스이고 살아있는 천사"라고, 우리 아직은 서로에게 그리움으로 남지 말자고 큰소리로 말해야겠다.

## 백일몽

양은 냄비처럼 뜨겁다. 물기 하나 없이 바싹 마른 거리는 금방이라도 치직 소리를 낼 듯하다. 복작대던 사람들은 모두 어디 갔을까. 지나는 사람 하나 없는 도시가 생경스럽다. 문득 땅에서 솟아난 것처럼, 한 노인이 손수레를 밀고 앞서간다. 굽은 허리, 백발의 짧은 파마머리. 천 년은 살아온 듯한 노인이 수레 손잡이에 매달려 신기루처럼 아롱거린다. 자주 보는 풍경인데 오늘따라 더 낯설게 보이는 건 어쩌면 태양이 너무 거침없이 내리꽂히기 때문인지도 모르겠다.

지구에 우리 둘만 남은 것 같다. 깊은 침묵 속에 걸어가는 손수레를 잡아채고 싶어 손가락이 꼼지락거린다. 체증처럼 가라앉아 있던 말들이 입안에서 버석거린다. 이런 폭염에 거리로 나서다니 쓰러지기라도 하면 어쩌려고. 어쩌면 노인은 낮잠 한 번 편히 잘 수 없는 집에서 도망 나온 건지도 모른다. 혹은 누구라도 만나 설운 가슴 달래고, 스쳐 가는 바람 한 줄기라도 맛보려던 것일지도. 할 수만 있다면 노인 발치에 엎드려 나비물*이 되고 싶다.

대책 없는 오지랖을 밀어내며 편의점으로 들어갔다. 기다렸다는 듯이 반겨주는 냉기에 뜨거운 숨을 달래며, 아이스커피 한 잔을 계산한다. 바람 한 점 없는 거리를 홀로 걸어가던 노인이 마음에 걸린다. 바나나 세 개와 아이스커피를 들고 서둘러 쫓아갔다. 헉헉대며 손수레를 붙

* 나비물 : 가로로 쫙 퍼지게 끼얹는 물

잡아 봉지를 건넸다. 작고 주름진 손이 봉지를 받는다. 노인의 눈동자가 흔들린다. 아니 흔들리는 건 나다. 뜨거운 거리에 노인을 두고 편의점으로 돌아왔다. 투명한 플라스틱 컵에 물방울이 맺혀 있다.

수레에 있던 빛바랜 종이들이 어쩐지 나를 나무라는 듯하다. 살갑지 않은 딸이 보기 싫고, 눈치 보는 아들이 안쓰러웠던 한 여인이 바스락거린다. 그녀는 딸이 마지못해 얻어준 전셋집에서, 흔들리는 아들을 붙들어 앉히려고 손수레를 끌었다. 하나뿐인 아들을 위해 땡볕도, 매서운 찬바람도, 빗금 치는 빗줄기도 상관하지 않고 거리에 나섰다. 아들이 죽고 못 사는 술 한 병 사려고, 차가운 눈으로 바라보는 딸도 모른 척했다.

아들이 참한 여자 만나 결혼하는 게 지상과제이던 그녀는, 싹수없는 계집애가 동생 하나 제대로 돌보지 않는다고 수시로 성을 냈다. 옳고 그름을 따지는 딸에게 막무가내로 당신 사랑을 들이대면서, 세상 쓸모없는 것이 귀한 아들 앞길 막는다고 악을 쓰며 술을 사곤 했다. 난 그녀를 이해할 수 없었다. 진정으로 사랑한다면 하지 말아야 할 일을 그녀는 사랑이라는 이름으로 멈추지 않았기 때문이다. 나는 그녀의 맹목적인 모성에 점점 병이 깊어가는 동생을 바라볼 수밖에 없었다.

한순간 그녀가 떠났다. 어머니와 딸로 서로를 노려보던 시간이 끝난 것이다. 난 그녀가 남긴 숙제를 하지 않고 있다. 여전히 술병 끼고 사는 동생에게 어느 여자고 소개해 줄 마음이 없기 때문이다. 잊을만하면 전화선 너머에서 꼬부라진 동생 목소리가 들린다. 메아리처럼 반복되는 그 목소리는 잠시나마 걱정하던 마음에 빗장을 지른다. 살기 위해, 내가 살아남기 위해 외면했던 그녀와 그녀의 아들이 창밖에 부유한다. 어쩌면 오늘 처음 본 노인에게 내가 건넨 것은 마지막 순간까지 아들을 부탁하던 그녀에게 용서를 청하는 몸짓인지도 모르겠다.
 젊은 직원이 나른한 하품을 하며 몸을 뒤척인다. 너무 오래 있었다. 약속이라도 한 것처럼 사람들이 사라진 도시에서, 떠나지 못한 우리는 서로의 피로를 모른 척한다. 삶은 뜨거워야 한다고 누가 그랬던가. 오래전 언젠가 뜨거웠던 순간이 있었을지도 모르는 우리는 다만 늙어가고 있을 뿐인데 말이다. 지구라는 행성에서 또 하루가 기울고 있다. 투명한 컵 겉면의 물방울이 한 겹 더 맺힌다. 이제 그만 백일몽에서 깨어, 집으로 돌아가야겠다.

## 거울 앞의 그녀

　살다 보니 별일 다 있다. 잊으려 했던 얼굴이 그리움으로 다가오니 말이다. 그녀를 사랑하고 미워한 시간은 이미 밤하늘의 먼 별이 된 지 한참이다. 평소의 어깃장과 곁들여진 치매와 중풍으로 무장한 거구를 뒤집던 나날이 끝나지 않을까 두렵기까지 했었다. 첫 만남부터 마지막 헤어짐까지 짐으로만 여겨지던 그녀가 떠나던 날은 나도 모르게 안도의 한숨까지 쉬었다. 그래서였을까. 싹수없는 내가 괘씸해서일까. 그녀가 불쑥 얼굴을 들이밀었다. 말갛게 씻긴 얼굴로 거울을 보다가 그녀를 발견하고 화들짝 놀랐다.

　어린 시절을 함께 보낸 친구를 오랜만에 만났다. 친구가 "네 얼굴에서 너희 엄마 얼굴이 보인다."라고 했다. 나는 '설마' 하며 웃어넘겼다. 사랑받기 위해 동동거리던 날들이 풀썩 바람을 일으킨다. 기억 속 그녀가 "넌 누굴 닮아서 그리 못생겼냐. 하는 행동이나 생긴 거나 꼭 지 아비 닮아서, 마음 가는 구석이 없으니 쯧쯧." 혀 차는 소리를 한다. 오래도록 어둠의 성주로 군림하던 그녀가 내 얼굴에 보인다니 말도 안 된다.
　난 그녀의 딸이라기보다 죄인이었다. 언제 끝날지 모르는 벌을 받았다. 지은 죄가 뭔지 물어볼 깜냥도 못 되는 나는 그녀의 낯빛을 살피며 눈치만 봤다. 그러거나 말거나 그녀는 하루에도 몇 번씩 아비 닮아 마음에 안 든다는 말로 못을 박았다. 단호하고 일관되게 꽂히는 날선 시선에 어쩌면, 정말 내 잘못일지도 모른다고 생각했다.

해바라기가 태양을 향해 구애하듯이 그녀를 바라보았다. 따뜻한 눈길 한 번 받고 싶었다. 그녀가 사랑하는 아들을 바라보는 시선의 한가락이라도 맛보고 싶어 졸래졸래 따라다녔다. 하지만 그녀의 부드러운 눈빛은 내 몫이 아니었다. 나는 단지 비참한 현실에 있는 그녀의 감정 배출구에 불과했다. 성장기 내내 그녀의 뾰족한 말들을 소화시키느라 전전긍긍했다. 아무리 애써도 그녀와의 거리는 좁혀지지 않았다. 아빠와 나를 싸잡아 흘겨보던 그녀 눈은 생을 마감하는 순간에도 오지 않는 아들만을 찾았다.

그녀의 흔적을 시나브로 지우면서 시간의 강을 건넜다. 그녀를 닮지 않으려 애쓰며 내 아이들을 키웠다. 평생의 과제가 그녀와 다른 눈으로 세상을 대하는 것이었다. 지나간 상처들이 고개 내밀 때면 입술을 깨물었다. 일에 지친 몸을 끌고 저녁에는 상담심리학을 배우고 이른 새벽이면 성당에서 무릎을 꿇었다. 내가 아는 어둠과 무기력함을 아이들에게 전하지 않게 해달라고 속삭였다. 사랑받아본 사람이 자연스럽게 사랑할 수 있다는 말을 되뇌며, 사랑받지 못한 나도 사랑할 수 있다는 걸 증명하려 했다.

돌이켜보면 그녀는 막다른 길에 내몰린 한 마리 길 잃은 양이었다. 눈만 뜨면 술에 취한 남편이 생떼 부려도 참아야만 하는 가여운 어린 양. 끊이지 않는 주정을 온몸으로 받으면서 어쩌면 남편 따위 없는 게 낫다고 생각했을지도 모른다. 여자에게 무조건적인 순종을 요구하는 세상에서 그녀는 숨구멍이 필요했을 것이다. 살아남기 위해 지긋지긋

한 남편을 닮은 나를 미워하기로 작정했을지 모른다. 아니, 그 남편과 살 수밖에 없는 빌미가 된 나를 용서할 수 없었는지도 모른다.

그녀와의 동거가 끝나고 마침내 긴 터널에서 빠져나왔다고 믿었다. 다 잊었다고 생각했는데, 거울 속에서 그녀가 무심한 눈길로 나를 바라보고 있었다. 오래전 한 아이를 아프게 하고, 한 아이를 사랑하며, 한 남자를 미워하던 얼굴이 하얗게 떠올랐다. "네 얼굴에서 너희 엄마 얼굴이 보여" 하던 친구 말이 다시 생각난다. 티끌만 한 애정이라도 받고 싶어 안달복달하던 시간이 부옇게 거울에 서린다. 친엄마가 아닐지도 모른다는 의심에 고개 흔들면서, 언젠가는 사랑받을 거라는 희망을 버리지 않았다. 그녀를 향한 짝사랑으로 천국과 지옥 사이에서 널뛰기했다.

그녀가 사랑하는 사람은 자신을 닮은 아들뿐이었다. 그런데 지금 눈앞에 보이는 건 무엇인가. 이제야 그녀를 닮아가는 내가 어이없다. 너무 사랑하고 너무 미워해서 그녀를 닮아가는 걸까. 아빠 닮은 얼굴로 눈앞에서 알짱거리며 그녀 속을 어지간히 긁었는데 닮은 꼴이라니 세상 참 묘하다. 문득, 진작 이 얼굴이었다면 그녀와의 관계가 달라지진 않았을까 생각해 본다. 그랬다면 그녀는 또 다른 트집거리를 찾느라 고생했을지도 모르겠다. 언젠가 그녀를 만난다면 난 무슨 말을 하게 될까.

# 내 탓이요

　중환자실 침대에 누워 있는 얼굴이 온순하다. 입술을 딸싹딸싹하는 게 꿈이라도 꾸는 모양이다. 어쩌면 저를 한없이 아껴주던 그녀를 만나는 건지도 모르겠다. 수술로 인해 퉁퉁 부은 얼굴로, 나직이 코를 고는 모습이 영락없이 닮았다. 방황하는 아들 대신에 쓸모없는 딸에게 볼모로 잡혀, 팽하니 토라지던 그녀가 환생이라도 한 것 같다. 잠이 깨어 저 입 열리면 무슨 말이 튀어나올까. 틀림없이 그 말이 또 나오겠지.

　"네년이 하늘 같은 내 아들 앞길 막았지." 날벼락 같은 말에 입술 앙다물고 들었다.

　대개의 경우 나는 정면 돌파를 선택한다. 어려울수록 피하지 않고 맞서는 게 보다 나은 결과로 이어진다는 걸 경험으로 배웠기 때문이다. 꽈배기처럼 비비 꼬인 운명이라는 녀석에게 지지 않으려는 오기도 있었다. 그녀가 거스러미 취급하고, 무시로 천둥번개에 맞아도 주저앉지 않았다. 술에 취해 비틀거리는 가정을 어떻게든 바로 세우고 싶었다. 죽어가는 나무에서 작은 열매라도 맺으려고 노력했다. 하지만 용을 써도 친정 식구 일만큼은 뜻대로 되지 않았다. 눈만 뜨면 그들을 위해 총총거렸지만 소용없었다. 계란으로 바위 치기처럼, 공들인 시도들은 번번이 먼지가 되었다. 결국 포기하고 말았다.

삼 년 전, 난 동생에게 결별을 선언했다. 술에 취해 조카들에게까지 실수하는 동생을 보면서 "난 네 엄마가 아니야." 등을 돌렸다. 하지만 야무지게 마음먹었던 인연 끊기도 부처님 손바닥 안이었다. 안간힘 다해 외면했던 날들이 청구서를 내밀었다. 각진 계산서에 적혀 있는 대가가 어지간히 무거웠다.

연휴에 오겠다던 동생이 오지 않았다. 그러려니, 또 술에 취했거니 했다. 애써 담담한 척 가장했던 평화는 금세 깨졌다. 운명이라는 녀석이 잠에서 깨어나 기지개를 켠 것이다. 서울 광진구 소방대원이라는 사람에게서 전화가 왔다. 술에 취한 채 쓰러져 있는 사람을 발견했단다. 아산병원 응급실로 가는 중이라며 하○○과 어떤 사이냐 묻는다. 누나라 하니, 어서 오시라 한다. 서울행 기차에 올랐다. 잔뜩 찌푸린 구름이 기어이 한숨 섞인 눈물을 토해냈다. 유리창을 두드린 빗방울들이 숨 가쁘게 달아났.

언젠가 이런 날이 오리라 짐작했지만, 생각보다 빠른 기습이었다. 해결되지 않는 일에 감정 소모하지 않으려던 노력은 이제 끝났다. 언제부터였는지 모를 정도로 긴 시간을 동생은 어두운 밤에 잠겨 있었다. 돈 생기면 술 마시고 돈 떨어지면 "누나, 한 번만!"을 외치며 술로 망가진 아버지와 판박이가 되었다. 술값만 있으면 세상에서 가장 행복한 녀석이 떼를 쓴다. 자기 입맛에 맞는 예쁘게 포장한 사탕 같은 사랑을 달라고 요구한다.

아산병원 응급실이라며 다시 전화가 왔다. "검사 결과 심각한 뇌출혈 상태입니다. 당장 수술해야 하는데 일정이 꽉 차있어 여기선 못합니다.

당장 수술할 수 있는 병원으로 환자를 옮겨야 하는데 동의하시지요?" 곧 갈 테니 필요한 조치는 다 해달라고 말했다. 갑자기 기차 안이 어두워졌다. 터널 속이다. 어쩐지 저 터널 속에 운명이라는 놈이 몸을 숨기고 있는 것 같았다. 자기 손아귀에서 벗어나려던 순간들이 얼마나 가당찮은지 알겠냐며 웃는 소리가 들리는 듯했다. 끈질긴 운명이라는 녀석이 지겨웠다.

터널을 빠져나왔다. 다시금 창문에 빗방울이 돋는다. 오글오글 부딪치는 빗방울마저 나를 나무라는 것만 같다. 헛짓은 이제 그만하라며 혀 내밀고 쪼르륵 미끄러졌다. 유리창에 눈이 동그란 남자아이가 비쳤다. 순하게 웃으며 "누나! 누나!"를 외치며, 따라다니던 아이. 그 아이를 처음 만나는 순간부터 무작정 사랑했다. 누구보다도 행복하게 해주고 싶었다. 하지만 내 사랑은 빛을 보지 못했다. 노력했지만, 그녀 울타리 안에 갇혀있는 아이에게 닿지 못했다. 결국 혼자라도 살기 위해 포기했다.

돌아보면 참 몹쓸 누나였다. 동생에게 아무것도 알려주지 않았으니까. 이를테면 둥근 지구에서 똑바로 걷는 법. 지치고 힘들 때 달빛에 기대는 법, 가족을 위해 일하는 보람, 이야기 속 친구들과 숨바꼭질하는 즐거움, 꿈이란 꿈은 모두 저장했다가 하나씩 이루어가는 기쁨, 크고 작은 삶의 비밀을 파헤치는 스릴 등. 그 많은 걸 혼자만 알고 나눠주지 않았다. 내 몸 하나 건사하기 바쁘다는 핑계를 들이밀며 고개 꼿꼿이 세우고 걸어온 길에 흙탕물이 넘실거린다.

서울에 도착했다. 제법 굵어진 빗방울이 어깨를 때린다. 탁 탁, 내 탓이라고.

## 손을 놓고 싶다

그림을 그렸다. 크고 단단한 손이 꽃받침처럼 나를 감싸고 있는 그림이다. 햇볕이 따가우면 그늘이 되고, 비 오는 날엔 우산이 되며, 천둥번개 요란할 땐 귀를 덮는 따뜻한 손을 그렸다. 손은 허허벌판에서도 집 한 채를 거뜬히 지을 수 있고, 무슨 일이든 뚝딱 해치운다. 누구보다도 크고 두꺼운 거인의 손을 그리면서 내 욕심을 차곡차곡 담았다. 피곤할 땐 나를 감싸주고, 쓰러질 것 같으면 지팡이가 되어줄, 그런 손이 되길 바란 것이 지나쳤을까. 그림은 그림일 뿐이라며 저만치 떨어져 먼 산만 바라봤다.

결혼 전, 장애인 공동체에서 봉사활동을 한 적이 있다. 눈먼 아이들과 성인들이 모여 사는 '라파엘의 집'이라는 곳이다. 어느 날, 이대로는 살 수 없다는 생각에 집을 뛰쳐나와 찾아갔다. 그곳에는 이름처럼 천사들이 모여 있었다. 온통 돈을 좇는 세상에서 그곳 사람들은 이상하리만큼 서로에게 천사 같았다. 그들과 함께 지내면 나도 찌든 때를 벗고 천사가 될 것 같았다. 그들과 먹고 자면서 한 달 용돈 2~3만 원으로 생활하면서 행복하게 지냈다. 거기서 그 손을 만났다.

큰 손을 가진 그는 좀 특이한 사람이었다. 군대 제대하고 서른 가까이 되도록 봉사활동만 했다는 남자는 돈하고 담을 쌓고 살았다. 먹고 자는 모든 순간이 봉사였다. 봉사자들 사이에서 그는 무한 존경을 받는 존재였다. 신기했다.

 문제는 그 남자가 나 좋다고 쫓아다니면서부터 생겼다. 가난이라면 진저리 나는데 결혼해서도 가난한 건 싫다고 했다. 남자는 큰소리쳤다. 절대 식구들 힘들게 하지 않겠다며 손을 잡았다. 얼결에 잡힌 손을 빼지 못했다. '그래, 비록 지금은 아무것도 없지만, 이 손이 가정을 위해 움직인다면 괜찮을 거야.' 나는 단순했다. 아버지 손이 작아서 가정이 흔들렸으니까, 저렇게 큰 손이라면 다른 삶을 보여주겠지. 커다란 손을 지붕 삼아 비를 피하자. 저 정도라면 뜨거운 태양도, 미친 듯이 불어대는 바람도 막아 주리라. 내가 알았던 손과 전혀 다른 그 손을 믿기로 했다. 난 아버지 손을 놓고 커다란 손을 잡았다.

 그는 정말 아버지와 달랐다. 매사에 성실하고 무슨 일이든 열심이었다. 술도 적당히 마시고, 부드럽게 웃으며, 거친 말은 하지 않는다. 다만 한 가지, 병에 걸린 것만 빼면 말이다. 그 병은 아버지와 다르지만, 똑같이 고칠 수 없는 불치병이었다. 장인이 술에 빠져 가정을 몰라라 했다면, 사위는 천사가 되기 위해 세상일에 무심했다. 그는 어려운 사람을 보면 외면하지 못했다. 누구보다 선하고, 못하는 게 없는 남자지만, 가정보다 남을 우선하는 것만은 어쩔 수 없었다. 그 병을 고치려고 노력했지만 낫지 않았다. 이런 줄 알았으면 그와 한 가족이 아니고 남으로 남아 있을걸······.

내 손을 본다. 아버지를 닮아 작은 편이다. 이 손으로 하늘만 바라보는 남편이 땅 위에 벌려놓은 일들을 수습했다. 과부처럼 혼자 아이들 키우면서, 몸 누일 공간을 지켰다. 그러고 보면 손의 크기가 중요한 게 아닌데, 커다란 손으로 나를 편하게 해줄 것이라 믿었던 건 무슨 까닭일까. 여자처럼 뽀얗고 예뻤던 아버지 손을 놓고, 크고 두툼한 손을 잡은 뒤 많은 시간이 지났다. 잘못 그린 그림에서 손들이 손사래 친다. 이미 다 지나간 일이라고. 하지만 가끔은, 크고 두툼한 그 손을 놓고 싶다.

# 약속이 되지 못한 약속

"추석에 갈게."

꼬부라진 목소리가 전화선을 타고 온다. "알았어." 나지막이 대답하는 내 목소리가 건조하다. 망설이다 전화했을 텐데, 마른 나뭇가지 같은 내 심장은 동요하지 않는다. 이제 우리 사이에는 건널 수 없는 큰 강이 가로막고 있다. 아니, 어쩌면 전생은 지워지고 다른 생을 살게 된 건지도 모른다.

7년 전 추석이었다. 명절 전날 동생이 왔다. 오자마자 나가더니 새벽까지 돌아오지 않았다. 보나 마나 술 마시고 있으려니 짐작했다. 아침 밥상에서 시댁 식구들이 사돈 어디 갔냐고 묻는다. "오랜만에 친구 만나서 놀고 있나 봐요." 대답하는 내 얼굴을 어머니가 다 안다는 눈빛으로 쳐다보신다. 하긴 술 먹고 실수하는 걸 한두 번 본 것도 아니니 다들 잘 알고 있을 터이다. 순간 동생에게 화가 났다.

추석이 이틀 지나고 나서 동생이 들어왔다. 어지간히 마셨는지 술 냄새가 풀풀 났다. 마침 시댁 형제들은 각자의 집으로 돌아가고 남편과 어머니도 출타 중이었다. 딸과 막내아들, 동생에게 해장국이나 먹으러 가자 하니 좋다고 따라나섰다. 근처 식당에 가서 음식을 시켰다. 동생이 묻지도 않고 술 한 병을 시켰다. 말리기도 지쳐 내버려 두었다. 해장국을 먹는 둥 마는 둥 하며 술만 마시던 동생이 갑자기 나를 보았다. 항상 겁먹은 아이처럼 나를 똑바로 보지 못하더니 어쩐 일인가 싶었다.

"누나한테 할 말 있어."

큰소리로 외친다. 무슨 말을 하려는 걸까. 또 되지도 않는 사업한다고 돈 달라고 하는 걸까. 아니면 장가 안 보내줬다고 떼라도 쓰려는 걸까. 다음 말이 나오길 기다렸다.

"누나. 누나는 피 한 방울 안 섞인 쟤네들은 돌봐주면서, 왜 나는 안 돌봐줘? 나는 누나 핏줄이잖아. 아무 상관도 없는 쟤네들은 먹여주고 재워주고 학교도 보내면서 나한테는 왜 아무것도 안 해주는 건데."

식탁이 흔들렸다. 지진이라도 난 걸까. 이대로 땅속 깊이 숨어버릴 수 있다면 좋겠다. 부모님 밑에서 25년을 남매로 살았다. 결혼하고도 하나뿐인 동생 도우려고 노력한 햇수 역시 25년이다. 시댁 식구들 앞에서 괜찮은 척하는 알량한 자존심도 집어던진 지 오래였다. 그런 노력은 모두 어디로 갔을까. 무엇이 동생으로 하여금 식당에서 조카들의 상처마저 외면하고 소리 지르게 했을까. 엄마 치마폭에서 응석받이로 자란 동생이다. 똑똑한 아이가 세상 잘못 만나서 기를 못 편다며 감싸주기만 한 엄마 탓일까. 일평생 술만 마시다 가신 아버지 탓일까. 아니, 어떻게든 사람 만들어 보겠다고 헛된 노력을 했던 내 탓이다.

몇 번이나 여기저기 부탁해서 직장을 잡아주었다. 며칠 잘하는 가 싶다가도 술만 마시면 잠적하는 동생을 달래어 내 가게에서 일을 시키기도 했다. 하지만 적응하지 못하고 서울로 달아났다. 직장 상사가 사람 같지 않아서, 누나 간섭이 심해서, 저녁에 친구들을 만날 수 없어서, 손님들이 전부 진상인데 왜 그러고 사냐며, 자기는 그렇게 못 산다는 말을 남기고 가버렸다. 서울에 간 뒤 몇 번이나 사업하겠다고 돈을 마련해달라는 걸 거절했다. 그만한 돈도 없지만 작은 일에도 적응하지 못하는 동생을 믿을 수 없었다. 그 일로 나에게 원망하는 마음이 쌓였나 보다.

멍한 얼굴로 삼촌을 바라보는 아이들이 눈에 들어왔다. 식당 손님들은 무슨 일인가 싶어 연신 힐끔거렸다. 동생을 바라보았다. 한 부모 밑에서 태어났다는 이유만으로 많은 시간을 공들였다. 남들의 손가락질을 애써 모른 척하고 동생을 보듬으려고 노력했다. 그런데 이제는 포기해야겠다. 가족이라는 이름이 다시금 가시를 세웠다. 동생 손이 떨렸다. 중독자의 전형적인 모습이다. 저건 내가 어찌해볼 도리가 없는 일인데, 치료도 진정한 도움도 거절하고 돈만 요구하는 동생에게 입을 열었다.

"이제 그만하자. 가족의 정이 그립고 따뜻한 밥이 먹고 싶으면 와도 돼. 하지만 그 이상은 아니야. 난 네 엄마가 아니야."

동생은 깜짝 놀라 쳐다보다가 슬그머니 나갔다. 가끔 술 취한 목소리가 살아있음을 알려왔다. 오고 싶어 눈치 보는 걸 알면서도 내 입에서 오라는 말은 나오지 않았다. 동생이 가고 난 뒤 7년, 나는 형제도 부모도 없는 고아로 지냈다. 조금은 외로우면서도 홀가분한 시간이었다. 그동안 나를 묶었던 올가미가 끊어진 것 같았다.

오겠다던 동생은 추석이 다 지나도록 나타나지 않았다. 전화도 오지 않는 걸 보면 연휴 내내 술독에 빠졌지 싶다. 아니 어쩌면 동생은 내년 추석에 온다고 말했는지도 모른다. 끊어진 인연이라도 조금은 반가운 마음에, 동생이 좋아하는 갈비찜을 데우고 또 데우는 동안 추석이 지나갔다.

# 하얀 모란이 젖던 날

현관문 번호 키 소리에 눈을 떴다. 시계를 보니 새벽 2시 19분이다. 누구지? 막내아들, 아님 딸인가. 딸은 올 때 미리 전화하는데, 아, 맞다. 오늘 낮에 오기로 했던 그 녀석일지도 모르겠다. 오자마자 친구와 한잔하느라고 시간 가는 줄 모르다가 이제야 들어오나 보다.

전화벨 소리에 무심코 받으니 잔뜩 꼬부라진 목소리가 건너온다. 나도 모르게 수화기를 멀리했다. 모처럼 찾아온 부소담악에서 하얀 모란에 흠뻑 빠져 있는 중이었다. 붉은 모란 보기도 힘든데 하얀 모란이 논둑길을 따라 쭉 피어있는 게 보기 좋았다. 세찬 빗줄기에 하나둘 꽃잎 떨어지는 모습마저 아름다워 정신없이 셔터를 누르는데, 전화 한 통이 풍경을 흐린다. 하얀 꽃잎이 비에 젖은 땅에 닿자마자 순식간에 지저분해진다.

"술 마셨니?"
"아니, 어제 마신 게 아직 안 깬 거지."

점심때가 훌쩍 지났는데도 취기가 가시지 않은 목소리다. 맨정신으로는 전화 한 통도 어려워하는 녀석이 술만 취하면 전화를 걸었다. 안쓰럽다가도 화가 났다. 연휴가 길어 오겠다는 녀석에게 일요일 점심을 같이 먹자고 했다. 이번 일요일은 시간이 더디 갈 것 같다.

어제저녁 들어오는 길에 시장에 들러 삼겹살과 오징어를 샀다. 점심 메뉴로 오삼불고기를 할 생각이다. 이걸 보면 또 한 잔 생각할 테지만, 이왕이면 녀석이 좋아하는 음식을 해주고 싶다. 오겠다던 점심시간이 다 되도록 소식 없이 전화도 안 받는다. 분명 어젯밤부터 술에 영혼을 저당 잡혔지 싶다. 친구들과 주거니 받거니 진탕 마시고 곯아떨어졌을 것이다. 저녁이나 내일 오겠구나, 짐작하고 남편이랑 점심을 먹었다. 오삼불고기는 얌전히 냉장고에 넣어두고 두부 부침을 해서 먹었다.

저녁 전에 두어 번 더 연락해 봤지만 답이 없었다. 마침 친구 부부에게서 저녁을 같이 하자는 전화가 왔다. 이렇다 저렇다 소식 없는 녀석으로 인해, 남편에게 무안한 마음을 감출 겸 친구 부부와 저녁을 먹기로 했다. 그들이 데려간 곳은 '황태어글탕'이라는 식당이었다. 모두 잘 먹고 즐겁게 얘기하는데, 밥알이 입안에서 따로 놀았다. 속이 더부룩하니 부글부글 가스가 찼다.

잠이 오지 않아 공연히 전화기만 들었다 놨다 했다. 부소담악에서 본 하얀 모란꽃과 빗줄기에 떨어지던 꽃잎들, 빗방울 하나에 시소 타던 이파리들이 뿌옇게 피어올랐다. 몇 해 전, 나는 그의 술 취한 모습을 더는 보고 싶지 않다며 냉정하게 돌아섰다. "난 네 엄마가 아니야." 그 말 한마디로 모든 인과를 끊으려 했다.

고사리 손으로 녀석의 학비를 벌던 날들을 지우고, 아버지 술값과 녀석의 술값까지 벌어야 했던 내 젊은 날을 잊으려 했다. 어머니 강요에 떠밀려 동생의 어리광을 받아주던 일, 시어머니와 남편 앞에서 애써 당당한 척 사람 하나 만들겠다고 동동거리던 순간들을 깔끔히 지우고 싶은데, 녀석은 여전히 내 안에서 서걱거린다.

그나저나 방금 전에 들렸던 현관문 여는 소리는 뭘까. 분명 꿈은 아닌데 기척이 없어 나가보았다. 아무도 없다. 혹시나 싶어 아래층까지 내려가 보았다. 봄 같지 않게 차가운 밤공기가 와락 달려들었다. 하릴없이 골목 끝까지 나갔다가 텅 빈 거리에 눈만 한 번 흘기고 집으로 들어왔다. 시계는 3시를 막 넘겼다. 공연한 들썩거림만 남겨두고, 잠은 멀찍이 달아났다. 나도 지나간 인연 따위는 말끔히 잊어버리고 앞만 보고 달려가고 싶다.

초침이 한 칸 옮겨질 때마다 미련도 한 칸 뒤로 물러난다. 오늘의 끝을 정확히 그어 두는 일, 그게 내일의 첫 줄이라는 걸 이제 안다. 비에 젖은 하얀 모란 꽃잎은 흙이 되어 내일의 줄기를 밀어 올릴 것이다. 떨어진 것은 떨어진 대로 제자리를 찾고, 남은 것은 남은 대로 버티는 법을 알 테니까.

# 제4부

## 파도가 밀려와 몸을 적셔도

## 아들을 만났다

밤 열두 시, 한국 시간으로 오후 일곱 시 오십 분에 인천공항에서 출발한 비행기가 한 시간의 시차를 넘어 필리핀 공항에 도착했다. 빙글빙글 도는 벨트에서 수하물을 낚아채어 공항을 빠져나왔다. 추운 계절을 뒤로하고 마주한 필리핀은 비가 내리고 있었다. 공기마저 낯선 곳에서 알아듣지 못하는 말들이 와글와글 귓전에 달려들었다. 아들을 만나지 못하면 어쩌나 하는 불안감에 핸드폰에 적힌 주소를 다시 확인해 보았다. 그 순간 익숙한 향기를 품은 말이 다가왔다.

생전 살찌지 않는 체질인 양 어미 애를 태우던 아들은 어디 갔을까. 보기 좋게 통통한 얼굴이 눈앞에 나타났다. 눈에 넣어도 아프지 않을 아들이 홀로 중국으로, 필리핀으로 떠날 때가 엊그제 같은데 어느새 십 년의 시간이 훌쩍 지났다. 낯선 공항, 낯선 언어들 사이에서 "엄마" 하고 부르는 낯익은 목소리를 행여 놓칠세라 꼭 붙잡았다.

어젯밤 공항에 도착한 순간부터 반기던 비가 오늘도 자작하게 내리고 있었다. 아들과 나란히 앉아 창밖으로 바라보는 풍경은 비가 오든 햇살이 짱짱하든 상관없이 그냥 좋았다. 이십 대에 어미 품 떠나 타국으로 향하던 아들을 다시 만난다면, 절대 보내지 않을 텐데 하는 생각을 하며 아들 얼굴을 찬찬히 뜯어보았다. 아니, 아들이 아주 어렸을 때로 돌아간다면 주머니 안에 꼭꼭 숨기고 절대 세상 밖으로 내보내지 않겠다는 생각을 하며 실없이 웃었다. 아들과 나란히 앉아 마시는 커피 한 잔이 이렇게도 좋을 줄이야.

　사흘째가 되어서야 비가 그쳤다. 눅눅한 기운이 사라진 필리핀의 공기가 상쾌했다. 이른 아침 빌리지 곳곳을 산책하면서 아들의 발자취를 더듬었다. 이 길에서 강아지를 산책시켰다 했지. 저 문을 지나 출퇴근했겠구나. 상큼한 미소로 여자 친구와 함께 걸었을 길을 헤아려보았다. 공항에서 처음 본 아들의 여자 친구 미카는 부끄러워하며 안절부절했다. 서툰 한국말로 "엄마 괜찮아요?" 하고 물으며 연신 나의 기색을 살폈다. 한국의 육칠십 년대 여인에게서나 볼 수 있을 것 같은 모습이 뜻밖이지만 보기 좋았다.

　내 아들의 반쪽인 여성과 소통하지 못하는 짧은 영어가 아쉬웠다. 이럴 줄 알았으면 더 열심히 공부할걸, 후회가 밀려왔다. 간간이 영어를 익히려고 노력했지만 막상 부딪쳐보니 입이 벌어지지 않았다. 늦었다고 생각될 때가 가장 적당한 시기라는 말이 있다. 그렇다면 지금 드는 후회가 어쩌면 새로운 언어를 체득할 가장 좋은 때인지도 모르겠다.

　딸이 바라던 대로 제 오빠가 한국인과 결혼하지 않을 게 분명해진 지금, 해야 할 일이 하나 더 생겼다. 앞으로 태어날 손자 그리고 예쁜 며느리와 소통하려면 영어를 배워야 한다. 필리핀인들이 쓰는 타갈로그어는 아니라도 최소한 영어는 할 수 있어야겠다. 미카가 한국어를 배우고 있다곤 하지만 그것만 믿고 손 놓을 일은 아니다. 집에 돌아가면 본격적으로 영어를 공부하겠다고 다짐해 본다.

　아들과 식사하고 커피를 마셨다. 미카가 조용히 주방으로 들어가더니 과일을 보기 좋게 썰어 내왔다. 대부분의 일을 가정부에게 시키면서도 손수 간식을 준비해서 권하는 모습이 보기 좋았다. 미카에게서 그린망고 먹는 법을 배웠다. 의외로 맛있었다. 노란 망고만 먹는 줄 알았는데 덜 익은 상태에서도 먹는다니 재미있다. 미카가 필리핀에서는 소금이나 소스를 찍어 먹는다며 서툰 한국말과 몸짓으로 일러준다. 내 입맛에는 노란 망고보다 그린망고가 더 맛있다고 말하니, 미카도 그린망고를 더 좋아한다며 아들이 웃는다.

아들은 미카의 식성이나 하는 행동이 나와 닮은 점이 많다고 말한다. 일을 처리하는 방식이나 성격도 엄마하고 비슷하다며 엄마랑 똑같은 토끼띠라고 덧붙인다. 그 말을 들으니 지금은 말이 통하지 않지만 좀 더 시간이 지나면, 둘이 잘 통할 것 같아 마음이 놓인다. 모자간의 만남을 위해 세심하게 배려해 주는 이국의 여성이 참 고맙고 아름답다. 엄마가 채워주지 못한 부분을 함께해 준 나이 어린 여성에게 미소로 응답하고 함께 산책했다.

저녁 식탁에 대전에서 알고 지내는 친구 아들이 함께했다. 삼십여 년 전, 대전으로 이사했을 때부터 친하게 지내는 가족의 둘째 아들이다. 어릴 때 한 동네에서 형제처럼 지내던 두 아이가 이곳 필리핀에서도 형제의 정을 이어가고 있다. 친구 아들이 내가 모르는 아들의 연애를 세세하게 들려주었다. "어머니, 미카 괜찮은 여자예요. 미카와 형처럼 서로 배려하고 예쁘게 지내는 연인은 본 적이 없어요. 미카가 형에게 참 잘해요." 그 말은 내 안에 남아 있던 작은 불안을 말끔히 지워주었다. 참 다행이다.

엄마 왔다고 회장님이 휴가까지 줬다며, 하고 싶은 건 다 말하라면서 아들이 웃는다. 낯선 나라에서 사회생활도 잘하고 있는 것 같아 한결 마음이 놓인다. 아들과 나란히 앉아 지난 이야기와 앞으로 살아가야 할 날들을 조곤조곤 나누는 시간이 소중하다. 아들이 필리핀에서 날 위해 준비한 것들을 가만히 펼쳐 보인다. 엄마가 아프다는 말을 듣고 미카랑 둘이 부모님 모시고 살기로 결정했다면서, 앞으로 남은 시간을 함께하기 위해 준비해 온 것들을 하나씩 들려준다.

  아들이 그려주는 나의 청사진은 푸른 하늘빛이다. 아들이 생각한 대로 청사진이 완성될지 아니면, 또 다른 엉뚱한 그림이 그려질지는 미지수이다. 또한 앞으로 얼마만큼의 시간을 아들과 함께할지도 알 수 없다. 다만 이 순간 엄마를 위한 아들의 마음이 고마울 뿐이다. 내가 모르는 시간을 함께해 온 아들 친구들에게도 고마운 밤이다. 아니, 밤은 이미 지나고 아침이 오고 있다. 한 달 예정으로 온 필리핀에서의 여행 동안 사랑하는 아들을 좀 더 많이 가슴에 담아가려 한다. 살아가는 동안 일용한 양식처럼 조금씩 꺼내 볼 수 있도록.

# 집이 부른다

날이 훤하다. 집 안은 아직 한밤중이다. 어젯밤 늦게까지 맥주 파티를 하더니 피곤한가 보다. 조용히 일어나 앞문을 열고 나갔다. 오토바이 한 대가 저만치서 달려온다. 한눈에 봐도 낡은 오토바이가 쿨럭 지친 숨을 남기고 스쳐간다. 앞집 마당에서 내 또래 여자가 순하게 웃는다. 같이 웃으며 인사를 한 뒤 길을 따라 천천히 걸었다. 원주민이 하는 작은 가게가 보인다.

가까이 다가가 진열된 물건을 보았다. 소박한 포장의 과자 몇 봉지, 두 개는 끓여야 든든할 것 같은 라면이 작은 탑을 이루고, 이름 모를 푸성귀 두세 가지와 마늘, 생강, 바나나, 한입에 들어갈 만큼 작은 귤 몇 알이 먼지를 얇게 이고 있다. 물건보다 사람 숫자가 더 많아 보인다. 동네 사랑방인지, 여자들이 아이를 한 명씩 데리고 나와 햇살을 받으며 이야기를 주고받는다. 어떤 여자는 엄마구나 짐작할 수 있게 젊고, 어떤 여자는 할머니라고 공공연하게 얼굴에 씌어 있다. 뜻 모를 그들의 수다가 귓전을 파고들며 막연한 그리움을 부른다. 괜히 그들 사이에 끼어들고 싶어 가까이 다가갔다.

뭐라도 하나 팔아주려고 둘러보았다. 딱히 쓸 만한 물건은 보이지 않았다. 망설이다가 마늘에 손을 뻗었다. 마늘 두 통을 손에 들고 앞뒤 잘라먹은 서툰 영어로 물었다. "How much?" 묻기는 했는데 돌아오는 건 영어가 아니다. 게다가 말이 어찌나 빠른지 알아들을 수 없다. 결국 페소가 들어 있는 지갑을 열어 그들 앞에 내밀었다. 가게 주인은 안에서 웃기만 하고 옆에 있던 젊은 여자가 지갑에서 20페소짜리 지폐를 두 장 꺼내 주인에게 건넨다. 주인이 1페소짜리 동전 하나와 5페소 동전 하나를 거슬러준다. 마늘 두 통에 34페소, 우리 돈으로 800원 정도이니 괜찮은 거래지 싶다. "Salamat po." 인사하고 돌아섰다.

막 걸음을 옮기는데 빤히 바라보던 아이가 할머니 품을 파고든다. 할머니에게 물었다. "Do you take a picture?"로 했다가 아차 싶어 "Can I take a picture?"로 말했다. 내 영어 표현이 잘못되었는지 아니면 발음이 엉망인지 알아듣지 못한다. 결국 손짓으로 핸드폰과 아이를 가리키면서 사진 찍는 시늉을 했다. 그제야 환하게 웃으며 고개를 끄덕인다. 아이는 이 상황이 마음에 안 드는지 할머니 품에 더 찰싹 달라붙는다. 기다렸다는 듯이 다른 아이가 앞으로 쑥 나선다. 결국, 그 자리에 있는 젊은 엄마와 아이, 할머니와 수줍은 손자, 가게 주인까지 한 장씩 찍고 작별 인사를 했다. 돌아서서 걷는데 그들의 웃음이 바람을 타고 퍼진다.

집에 돌아오니 커피 향이 문틈을 넘어왔다. 그새 아들이 일어나 커피를 내리고 있었다. 일찌감치 어디 갔다 오냐는 아들에게 마늘을 보여줬다. "마늘 있는데 어디서 났어요?", "앞에 산책 나갔다가 가게가 보여서 그냥 샀어. 원주민들 사진도 찍고." 아들이 웃으며 커피를 내밀었다. 저는 마시지도 않으면서 눈만 뜨면 커피부터 내리는 아들을 쳐다보았다. 입속에 든 혀처럼 마음에 쏙 드는 아들을 멀리 두고 살아야 하는 아쉬움이 슬쩍 고개를 들이밀었다.

커피 잔을 들고 해변으로 향했다. 뒷문 앞에서 신발 벗고 검은 모래 사장에 발을 디뎠다. 부드러운 모래가 발을 감쌌다. 발가락 사이를 파고

드는 모래가 부드럽게 스며들었다. 잠시 파도를 바라보며 걷는데 꾸야가 손짓했다. 그제야 어제 꾸야에게 부탁했던 일이 생각났다. 아침에 어부들이 물고기를 잡아오면 사고 싶다고. 꾸야가 잊지 않고 어부에게 말했나 보다. 꾸야와 어부들 몇이 플라스틱 통을 가운데 두고 모여 있었다. 서둘러 그들 곁으로 다가가 통 안을 들여다보았다. 상상했던 것과 달리 작은 물고기만 몇 마리 파닥거렸다.

꾸야를 향해 내가 손짓을 보태어 말했다. "small fish, no. I want big fish." 어부들이 꾸야를 쳐다봤다. 꾸야는 그들에게 타갈로그어로 빠르게 말을 전했다. 잠시 후 그들이 두 손을 작게 모았다가 넓게 펼치면서 "big fish?" 하며 웃었다. 난 고개를 끄덕이고 파도를 향해 걸음을 옮겼다. 꾸야가 달려와 뭐라고 말하는 데 타갈로그어였다. 몇 가지 단어를 가지고 유추해 본 결과 오늘은 큰 물고기가 안 잡혀서 내일 보자는 말 같았다. 오케이 신호를 손으로 하고 해변으로 향했다.

난 이곳이 참 마음에 든다. 앞문 밖에는 동네 주민들, 뒷문으로 나가면 바닷가다. 해변은 검은 모래이고 평탄한데다 조개껍질 외에는 발에 걸리는 게 없다. 여기 온 뒤 밤낮없이 해변을 걸었다. 파도가 밀려와 몸을 적셔도 상관없었다. 해변을 걸으면서 이 집, 아니 이 마을을 한 삽 푹 떠서 한국으로 가지고 가면 좋겠다고 생각했다. 앞문으로 연결된 소박한 집들과 주민 그리고 뒷문으로 나가는 검은 모래사장과 하얀 포말을 내뿜는 파도치는 바다를 훔쳐 가고 싶었다.

집에 들어오니 아떼가 식사준비를 하고 있다. 이른 점심을 먹으면서 이런 곳에서 살려면 얼마나 드는지 아들에게 물어보았다. 생각보다 싼 가격이다. 내가 반색하고 "그럼 엄마 이곳에 집 살까? 여기서 죽을 때까지 살고 싶다." 아들이 자기 집하고 너무 멀어서 안 된다고 단칼에 자른다. 그 말에 기가 죽어 "그러니? 아깝다. 엄마는 이런 집에서 사는 게 소원인데, 몇 년 전에 이런 집에서 살고 싶다고 글로 쓴 적도 있어." 그 말을 들은 아들이 웃으면서 "엄마, 여기 말고도 좋은 곳 많아. 엄마가 결정만 하면 돼." 그 말을 끝으로 집 얘기는 더 이상 하지 않았다.

바닷가 집에서 나와 아들 집에서 며칠 더 지낸 뒤 한국으로 돌아왔다. 한국에 오자마자 겨울 바다를 보러 갔다. 더운 나라에서 보는 바다와 어떻게 다른지 눈으로 확인하고 싶었다. 언제나 그랬듯이 겨울 바다는 추웠다. 그래도 말이 통하고 대중교통이 잘 연결되어 자유롭게 돌아다닐 수 있어서 좋았다. 역시 내가 나고 자란 나라가 편안하다. 하지만 어쩐 일인지 필리핀에서 만난 바닷가 집이 나를 부르는 것 같다. 검은 모래밭에 하얗게 밀려들던 파도가 어서 오라고 손짓한다. 아들이 필리핀에 간 뒤로 늘 보고 싶었는데 보고 싶은 게 하나 더 늘었다. 아들 생각만 하면 마치 한 몸인 양 그 집이 따라온다.

# 바닷가에서

갈매기가 바다 위에 착지하는 것을 보았다. 휘익 날아와 옆구리에 날개를 착 붙이고 물 위에 사뿐 내려앉는다. 잠시 후 다른 갈매기가 날개를 몇 번 접었다 폈다 하더니 낮게 날아오른다. 먹이라도 찾는지 몇 마리의 갈매기들이 내리고 오르기를 반복한다. 시선을 돌려보니 저만치 멀리 떨어져 있는 섬과 방파제 사이에 제법 많은 갈매기들이 보인다. 난 하늘 높이 나는 새를 보면, 그 자유로운 날갯짓이 부러워서 샘이 난다.

시샘 가득한 눈으로 갈매기들을 쳐다보는데 한 녀석이 눈길을 끈다. 무리와 떨어져 한쪽에서 날개를 파닥이고 있다. 날아오르는 순간을 찍고 싶어 핸드폰을 꺼내들고 유심히 보았다. 무슨 까닭인지 연신 파닥이기만 할 뿐 쉽게 날아오르지 않는다. 날개라도 다친 걸까. 아니면 새내기가 비행 연습이라도 하는 걸까. 지루하리만큼 시간을 끈다. 그만 포기하려는 순간 녀석이 휙 하늘을 향해 날아오른다. 한참이나 뜸 들이던 몸짓에 비해 제법 당찬 날갯짓이다. 다른 갈매기들이 먹이를 찾아 물 위에서 부유하듯이 나는데 비해 녀석은 곧장 멀리 보이는 섬을 향해 날아간다. 나도 모르게 안도의 한숨이 나온다.

문득 오래전에 읽은 『갈매기의 꿈』에 나오는 '조나단'이 떠오른다. 더 높이, 더 멀리 날기 위해 노력하던 조나단을 방금 본 것일까. 아니 어쩌면, 눈앞에 산재해 있는 갈매기들 중에 조나단이 있을지도 모르겠다. 당장 먹이를 찾는 일보다 더 높이 비상하기 위해 날고 또 날던 조나단이 저들 중에 있다면 나는 알아볼 수 있을까.

단순히 보이는 대로 새의 날갯짓이 자유롭지만은 않다는 걸 이제는 안다. 날기 위해 바람의 세기와 방향을 가늠하고, 몸 상태를 최상으로 유지하기가 그리 간단한 일은 아니다. 하늘을 자유롭게 날게 되기까지 얼마나 많은 시행착오를 겪어야 하는지, 기껏 날았다가도 착지하는 순간을 가늠하지 못해 죽을 고비를 넘기도 했겠다.

잘 알면서도 나는 자주 착각한다. 실패를 딛고 다시 날기까지 죽을힘을 다하는 새의 노고는 보지 않고 자유로운 비행만을 부러워한다. 하늘을 나는 그 순간의 그림에 혹해 날개를 탐낸다. 비단 새들만이 아니다. 나는 자신의 타고난 위치를 뛰어넘어 우뚝 선 사람들을 보면 부럽다. 그들이 그렇게 되기까지의 힘겨운 과정은 보지 않고 그들이 성공한 모습만을 부러워하고 시샘한다.

갈매기 조나단의 궁극적인 목표는 날아오르는 것만이 아니다. 그의 꿈은 자신과 다른 갈매기들이 한계를 뛰어넘어 보다 넓은 세상으로 나아가게 하는 것이다. 한때, 나는 갈매기 조나단의 열렬한 신자였다. 조나단처럼 주어진 한계를 뛰어넘으려 했다. 숱하게 넘어지고 상처 입어도 쉬지 않고 앞으로 나갔다. 그런데 지금 멍하니 서 있는 나는 누구일까. 어째서 그들의 날갯짓만 부러워하고 아무런 행동도 하지 않는 걸까.

언젠가부터 실패를 딛고 일어나는 일이 귀찮아졌다. 대부분 사람이 주어진 조건에 안주하는데, 어째서 나는 왜 안 되는 걸까. 회의가 들었다. 안간힘 다해 맞이하는 결과가 너무 초라했다. 현실을 좀 더 나은 상황으로 만들려고 노력한 것에 비해 결과물이 성에 차지 않았다. 죽을 만큼 힘든데 누구 하나 알아주기는커녕 쓸데없는 일에 헛수고 말라는 말만 듣는다. 어쩌면 그 말이 옳을지도 모른다는 생각이 들었다. 하나둘씩 포기하기 시작했다. 조나단이 한때 그랬던 것처럼 말이다. 조나단 역시 아무리 해도 한계를 뛰어넘는 일에 진전이 없을 때, 의욕을 잃고 도약하는 일을 멈춘 적이 있다.

경계를 넘어 도약하기 위한 노력을 멈추면 몸이 편하다고 들었다. 주어진 조건 안에서 만족할 줄 알면 마음 역시 편안해진다는 말도 들었다. 몸도 마음도 편안하다는데 어쩐 일인지 나는 여전히 불편하다. 마치 소중한 무언가를 잃어버린 것처럼 안절부절하고 있다. 아침이면 일어나야 할 의미를 찾지 못하고, 저녁에는 신경증 환자처럼 잠을 이루지 못한다. 무엇인가를 잃었는데 그게 무엇인지조차 모르고 있다. 어쩌면 조나단 역시 그러지 않았을까 짐작해 본다. 그러기에 다시 시도할 수밖에 없었던 게 아닐까.

바닷가에 서서, 오래전에 한 아이를 앞으로 나아가게 했던 조나단을 생각한다. 한때 무모한 도전을 할 수 있는 힘을 주었던 그를 너무 오래 잊고 지냈다. 이제 다시 나의 조나단과 함께 날아오를 준비를 해야겠다. 잃어버린 것이 무엇인지 찾아야겠다.

# 난달에 선 너에게

　무슨 말을 먼저 건넬까. 품 안의 자식이란 말을 증명이라도 하듯이 먼 곳에서 남처럼 되어버린 네가 서운했다. 귀찮을 정도로 엄마 뒤를 따라다니던 네가 그리웠어. 세상에서 유일하게 내 편이었던 너를 보고 싶었어. 터무니없는 생각이란 건 알지만 잠깐 아주 잠깐, 옛날 그 감정을 맛볼 수 있기를 바랐지. 그래서 너를 만나러 가기로 한 거야.
　비행기표를 예매하고 며칠이나 남았는지 손가락 꼽을 때 네가 전화로 그랬지. 미카와 결혼하고 싶으니 허락해달라고. 처음엔 가볍게 흘려들었어. 그냥 예의상 하는 말인 줄 알았거든. 주변에서 아들 결혼 언제 하냐는 말을 자주 듣던 중이라 '때가 됐구나.' 생각했을 뿐이야. 여느 엄마들처럼 '예식은 어디서, 예산은 얼마나, 패물은 뭘 해줄까, 집은 있으니 다행이네.' 그런 생각들을 빠르게 하는데 이어지는 말에 그만 멈칫했단다.
　미카가 한국인이 아닌 건 상관없다. 네가 필리핀에서 지내는 햇수가 길어지면서 나름 각오했으니까. 하지만 애가 둘 있는 미혼모라는 말에는 글쎄, 너의 말을 이해할 수 없었다. 순간적으로 나 때문에 그런가 하는 의심이 들었다. 우리가 아이를 입양해 키우는 걸 함께했던 경험 때문이라고 생각하면 너무 지나친 걸까. 며칠 후, 엉킨 실타래처럼 정리되지 않은 마음을 안고 너희 집에 도착했다.
　두 아이가 머뭇거리며 다가와 인사하더구나. 서툰 한국말로 "할머니

안녕하세요." 하는데 그 순간의 당혹감을 어떻게 표현해야 할까. 아이들이 하는 한국말이 대견한 것은 뒷전이고, 이 애들이 너를 힘들게 하면 어쩌나 하는 염려가 앞섰단다. 게다가 난생처음 할머니라고 불리는 게 낯설기만 했지. 늦은 밤, 너희가 마련해 준 방에서 짐을 풀었지만 잠을 이루지 못했단다.

 다음 날 아침에 다 같이 식탁에 앉았을 때, 큰아이 코지는 의젓하고 동생 켄지는 활기가 넘치더구나. 난 익숙하지 않은 소란 속에서 바스락거리는 마음을 억눌렀다. 아이들이 싫다거나 행동이 눈에 거슬린 건 아니었다. 다만 네가 선택한 길이 쉽지 않다는 걸 알기에 염려된 거야. 오래전에 내가 했던 선택이 너에게 어떤 식으로든 영향을 주었을지도 모른다는 생각이 떠올라 마음에 걸렸단다. 물론 내가 한 일이 잘못이라는 건 아니야. 다만 쉽지 않은 일이기에 너만은 평범하게 살았으면 하는 마음 때문이었단다.

 어쨌거나 네 아이까지 임신했다니 받아들여야겠지. 돌이킬 수 없지만 그래도 난 미카가 두 아이의 엄마가 되기까지의 과정이 궁금했다. 만약 일부 필리핀 여자들처럼 돈만 보고 외국인과 쉽게 어울린 거라면, 너도 그중 하나로 이용당하는 거라면 어쩌나 싶어서였지. 하긴 그렇다 해도 내가 뭘 할 수 있겠니. 다행히, 그렇지 않다는 걸 알게 되어 불편한 마음은 좀 나아졌단다.

 넌 미카가 나를 많이 닮았다면서, 그녀가 친정식구를 위해 노력해온 이야기를 내게 들려주었지. 너와 함께 하기 위해, 너에게 미안해서 친정과 관계를 끊었다는 말을 들을 때는 참 현명하구나 싶었다. 물론 친정과 거리를 둔다는 게 말처럼 쉽지 않다는 건 잘 알고 있다. 나도 숱하게 시행착오를 겪었고 아직도 완전하게 벗어나지 못한 부분이니까.

난 미카의 입장에서 생각해 보았다. 사랑한다는 사람과 결혼을 약속했지만 결국 아이만 남기고 떠났을 때의 상실감. 혼자 애 키우면서 친정 식구까지 돌보느라고 안간힘 다하던 순간들. 너를 만나 새로운 가정을 꾸리면서 말하지 못한 사연들은 또 얼마나 될지. 안쓰럽고 대견하기도 하더구나. 네가 의도한 대로 나와 닮은 점이 있다는 걸 알고 동질감이 생기기도 했단다. 네가 큰애와 자분자분 대화하는 걸 보았다. 작은 애의 어리광은 적당히 받아주면서, 도가 지나치다 싶으면 나무라기도 하는 모습이 보기 좋았다. 가만히 지켜보다가 네가 어릴 적에 동생들과 지내던 모습이 떠올랐어.

넌 어려서부터 남을 배려하고 포용하는 면이 남달랐지. 외둥이로 가족의 사랑을 독차지하던 너에게 낯선 아이를 동생이라고 소개해도 아무렇지 않게 받아들였어. 동생들 돌본답시고 너에게 신경 쓰지 못할 때, 시샘은커녕 되레 힘들어하는 엄마를 위로했어. 동생들이 말썽을 부리면 나보다 먼저 감싸주었고, 사춘기에 어디로 튈지 모르는 동생들을 붙들어 주었지. 생각해 보면 동생들 사춘기는 유난했는데, 네가 없었으면 엄마 혼자 감당하지 못했을 거야. 그러고 보니 정작 너의 사춘기는 어떻게 넘어갔는지 기억나질 않는구나. 분명 평소처럼 엄마 모르게 혼자 이겨냈을 테지.

미카와 함께 산부인과에 가기로 한 날, "엄마, 미카도 엄마처럼 주사 맞는 거 무서워해. 오늘 피 검사하는데 엄마가 손 좀 잡아줘." 그 말에 까마득히 잊었던 일이 떠올랐다. 네가 대여섯 살 무렵, 병원에서 피 뽑으며 찡그리고 있는 나에게 "엄마, 내가 손잡아 줄게. 무서워하지 마."

그랬지. 지난날들을 더듬다 보니 내 아들이지만 참 괜찮은 사람이라는 걸 깨달았다. 어쩌면 오래전 내가 했던 선택에서 작은 열매라도 맺을 수 있었던 건 네 덕분이었구나 하는 생각이 들었다.

난 잠시 속 좁은 어미가 가졌던 불안을 버리고 믿음을 가지기로 했다. 그 옛날 어린 너에게 의지했던 나를 떠올리면서 널 응원하기로 했다. 그게 엄마로서 해야 할 도리이기도 하니까. 결국 엄마 있을 때 결혼식 올리고 싶다는 네 말에 동의했다. 네 아빠가 함께하지 못해 서운했지만 아이 태어나기 전에 결혼식 하는 게 나을 것 같아서였다. 번갯불에 콩 볶듯이 상견례 하고, 신부님 앞에서 혼배미사를 하는 너희를 보며 진정으로 축복을 빌었다. 물론 약간의 눈물은 흘렸지만 그 정도는 이해할 수 있지?

한국 오기 전에 아무것도 필요 없다는 너희에게 작은 금액을 송금했다. 넌 깜짝 놀라면서 "엄마, 뭘 이렇게 많이 보냈어요!" 네가 핸드폰에 찍힌 금액을 보여주자 미카가 펑펑 울면서 한 말이 생각난다. "난 엄마가 결혼 반대할 줄 알았어요. 그런데 따뜻하게 안아주고 선물까지 주다니 너무 놀랐어. 내 엄마도 축하한다는 말 안 하는데, 엄마는 축하해 줘서 정말 고마워요. 엄마가 진짜 엄마 같아." 울먹이며 하는 서툰 한국말을 들으면서 난 다짐했단다. 그 옛날 한 아이의 엄마가 되기로 결정했듯이 미카에게도 엄마가 되어주겠다고 말이야.

찬솔아, 필리핀에는 가는 곳마다 성당이 있더구나. 하다못해 쇼핑몰에도 성당이 있는 게 참 좋았다. 난 성당을 볼 때마다 들어가서 고개를 숙였다. 너와 미카 그리고 선물 같은 두 손자와 새로 태어날 아기까지 모두를 위해 기도했다. 한국의 옛 어머니들이 부뚜막에서, 장독대에서,

우물가에서, 두 손 모으던 심정으로 고개를 숙였다. 너희가 지금 마음을 잊지 않고 서로 의지하고 사랑하길 바라며.

  넌 지금 난달*에 서서 조금 어려울 수도 있는 길을 선택했지. 가보지 않은 낯선 길을 걸으면서 무엇을 보게 될까? 너보다 한발 앞서 출발했지만 나도 아직 잘 모르는 삶을 어떻게 엮어나갈지 궁금하다. 어쩌면 넌 많은 날을 살얼음 위를 걷듯이 조심스럽게 걸어야 할지도 모르겠다. 어둡고 추운 겨울을 만나고, 소소리바람**에 몸을 움츠릴지도 몰라. 한 가지 분명한 건, 넌 놀라운 경험을 할 거야. 길 따라 자박자박 걸으며 만나는 모든 것이 축복이 될 테니까. 그리고 언젠가는 간들바람***에 몸을 맡기고 환하게 웃고 있는 너를 만나게 될 거야.

  필리핀을 떠나던 날 공항에서 미카가 "엄마 아빠 방 만들어 놓고 기다릴게요. 엄마 아빠 죽을 때까지 케어할 테니까 빨리 와요." 했던 말 고맙다고 전해주렴. 너희에게 신세 질 생각은 하지 않지만, 그 말을 떠올리면 가슴이 따듯해진단다. 네가 내 아들이라서 참 고맙다. 다시 볼 때까지 잘 지내렴. 사랑한다.

---

\* 난달 : 길이 여러 갈래로 통한 곳.

\*\* 소소리바람 : 이른 봄에 살 속으로 스며드는 듯 차고 매서운 바람.

\*\*\* 간들바람 : 부드럽고 가볍게 살랑살랑 부는 바람.

# 기도하는 할머니

얼굴 익히기가 끝났나 보다. 눈만 뜨면 웃으며 달려온다. 한국에서 출발하기 전부터 아프던 팔은 언제 그랬냐는 듯 아이가 안기면 조용하다. 신기한 장난감이라도 본 것처럼 아이가 내 볼을 툭 친다. 작은 손이 의외로 힘이 세다. 호기심 가득한 꼬마 천사가 맑고 투명한 기운을 내게 건넨다.

필리핀에서의 아침은 두근거림으로 시작된다. 이른 아침 산책 마치고 돌아오면 아이가 눈을 뜬다. 기저귀를 확인하고 유모차에 태워 다시 밖으로 나간다. 첫 번째 산책은 달빛 아래 나 홀로 고요하게, 두 번째 산책은 떠오르는 태양을 맞이하며 아이와 함께한다. 고양이가 나른한 하품을 하고, 칸나가 벙싯거린다. 울타리에서 하얗고 조그만 별꽃이 달짝지근한 향기로 인사한다. 코끝이 간질거린다. 참새가 파닥파닥 박수 친다. 분수대에서 아기천사가 졸졸 오줌을 눈다. 아이 눈이 동그래진다. 나도 같이 물소리에 빠져든다.

본격적으로 열 일을 하려는 태양을 뒤로하고 집으로 간다. 집안에서 하루를 여는 소리가 새어 나온다. 문을 열자 청소기를 든 도우미가 "굿모닝 맘" 한다. 며느리의 "어머니, 굿모닝!"과 둘째 손자의 "굿모닝!"이 함께 튀어나온다. 둘만의 조용하던 한국과 달리 이곳은 온갖 소리가 저마다의 음색으로 떠들썩하다.

아들은 내게 첫 손자를 안겨주면서 두 손자를 더 선물했다. 며느리가 데려온 아이 중에 큰손자 코지는 올해 열일곱 살이다. 코지는 태평한 성격으로 매사 느긋하다. 또래들이 그러듯이 늦게 자고 한낮이 되어야 일어난다. 일주일에 두세 번 학교 가는 날이 아니면 종일 방에 틀어박혀 있다가 점심이나 저녁 먹을 시간에 나타난다. 밖에 나갈 때면 언제 왔는지 옆에서 "할머니 학교 갔다 올게요." 하거나 "친구 만나러 가요. 바이" 하고 손을 흔든다. 며칠 전엔 생선 살 발라먹는 걸 어려워하기에 살만 발라주었더니, 눈이 동그래지면서 제 아빠에게 속삭인다. 아들이 "외할머니 밑에서 한 번도 따뜻한 정을 못 받다가 엄마가 생선 살 발라주는 게 놀랍고 좋대."라고 말을 전해준다. 그 뒤론 생선만 보면 나도 모르게 살을 발라주게 된다. 그래서일까. 밖에 나갈 때면 자청해서 보디가드가 되어준다.

둘째 켄지는 살아있음을 온몸으로 표현하는 아이다. ADHD를 앓고 있다는 아들 말이 아니어도 바로 알 수 있을 만큼 소란스럽다. 끊임없이 엄마 아빠를 불러대고 제 마음에 들지 않으면 가정부에게 물건을 던지기도 한다. 눈앞에서 그럴 때면 나도 모르게 표정이 굳어져 몇 번이나 아이에게 서툰 영어로 "켄지, 물건 던지는 건 나쁜 행동이야.", "아떼에게 그러면 안 돼." 하고 타일렀다. 다행히 영리한 아이라 그런지 횟수가 줄어들었다. "외할머니가 아떼에게 함부로 하는 걸 보고 자라서 아이도 그러네." 아들도 그 부분은 엄하게 다룬다는 말에 마음이 놓인다.

손자들을 바라보다가 지난날이 생각난다. 가슴으로 낳은 아이들을 키우면서 허둥거리던 내 모습이 떠오른다. 아들은 별난 부모 덕분에 간접적으로나마 경험이 있어 잘하겠지만, 난 정말 무식하게 아이들을 키웠다. 매일이 전쟁이나 다름없는 시간을 지나며 시행착오를 많이 했다.

다행히 아이들이 잘 자라줘서 한숨 내려놓았는데, 아들이 나와 같은 길을 선택했다. 조금은 안타깝고 불안하지만 애써 좋은 쪽으로 생각을 돌린다. 가능하면 옆에서 도움 주고 싶지만 사는 곳이 달라 조용히 응원할 뿐이다. 아들이 둘째인 켄지와 놀다가 갑자기 지나간 이야기를 꺼낸다.

"엄마는 내가 수도자가 되기를 원했는데."
"그랬지. 엄마뿐만 아니라 우리 가족을 아는 사람들은 다 그렇게 생각했어. 너는 꼭 수도자가 될 거라고 말이야. 하지만 결혼도 쉽지 않은 길이야. 더구나 너처럼 특별한 선택을 한 경우엔 더. 그래 넌 잘 할 거야. 엄마는 믿어."
"엄마, 난 이 아이들이 좋아. 처음엔 좀 망설였지만 아이들을 만난 뒤로 나도 모르게 사랑하게 되었어. 더구나 하람이까지 생겨서 더 좋아. 걱정하지 마 엄마, 나 열심히 살게."

필리핀을 떠나기 전날 아이 세례식을 했다. 아들에게서 엄마가 한국 가기 전에 세례식을 했으면 한다는 말을 들으신 신부님이 특별히 배려해 주셨다. 필리핀 한인 성당에서 재의 수요일 미사 중에 유아세례를 했다. 세례식과 미사를 함께 하는 제법 긴 시간 동안 아이는 제집에 온 듯이 편안해 보였다. 대부님과 신부님을 빤히 쳐다보며 생긋 웃는 게 마치 천사 같았다. 미사가 끝난 뒤 이구동성으로 어쩜 아이가 한 번도 칭얼거리지 않느냐는 칭찬까지 들었다. 사무장도 아이들이 신부님 얼굴만 보면 울어서 유아세례 할 때마다 최대한 빨리하는데, 오늘은 느긋하게 아이 볼도 만져볼 수 있어 좋았다고 한다.

아이 이름을 짓고 세례명을 고르면서 기도했다. 필리핀인 며느리와 한국인 아들, 그리고 아빠가 다른 형제들 사이에서 성장할 아이가 가족을 하나로 감싸는 역할을 하길 바랐다. 그 바람을 담아 아이 이름은 '하람'으로 세례명은 세례자 요한으로 골랐다. 오랫동안 내 아들이 수도자의 길을 걷기를 원했다. 어쩌면 방법은 다르지만 아들은 수도자의 길에 들어선 건지도 모른다. 참 가정의 모습을 아이들에게 알려주는 수도자로 말이다.

아이들과 지내는 동안 예정했던 한 달이 훌쩍 지나갔다. 한국에 와서 한숨 내려놓으면서 마치 긴 꿈에서 깨어난 기분이다. 내가 모르는 곳에서 알지 못하는 여자와 가정을 꾸린다는 말을 들었을 때는 불안해서 할 수만 있다면 한국으로 불러들이고 싶었다. 하지만 처음 만난 손자가 나의 모든 염려를 깨끗이 씻어주었다. 마주칠 때마다 뚫어져라 바라보며 내 얼굴을 만지던 손의 감촉이 생생하다. 이제 나는 조금 특별한 선택을 한 아들 덕분에, 세 손자들을 위해 기도하는 할머니가 되었다.

아침이면 창문을 열어 바람의 결을 만져 본다. 필리핀에서 듣던 분수 물소리와 참새의 박수를 마음속에서 다시 틀어 본다. 한 아이의 이마를 지나간 세례의 물방울처럼, 오늘의 기도가 조용히 스며들기를 바란다.

## 풍선덩굴에는

 올망졸망 풍선들이 매달려 있다. 건드리면 피식 웃고 날아갈 것처럼 바람이 빵빵하다. 실가지 놓지 않으려고 안간힘을 쓰는 폼이 허풍선이 같기도 하고, 요정들이 들고 다니는 꽃등처럼 보인다. 아니, 까만 밤길에 눈먼 이가 들고 다녔다는 등불이 저렇게 생겼을지 모른다. 문득 신나게 풍선을 불던 때가 생각난다. 색색의 풍선으로 꼬맹이들을 홀리던 내가 동동 떠오른다.

 널따란 운동장이 왁자한 소리로 분주하다. 좌판이 하나둘 날개를 편친다. 집에서 잠자던 잡동사니들이 모처럼 콧바람을 쐬는 날이다. 가족이 입던 옷들을 깨끗이 세탁해 온 은영이 엄마. 새 공책과 크레파스, 스케치북을 묶음으로 사 왔다는 영훈 아빠는 연신 싱글벙글한다. 밤새 구운 과자를 포장까지 예쁘게 해온 송이 엄마도 보인다. 책 좋아하는 찬이 엄마는 책만 펼쳐놓고 보이지 않는다.
 갑자기 아이들이 엄마 아빠 손을 놓고 내달린다. 좌판을 내버려둔 찬이 엄마가 풍선을 불고 있다. 노란색, 파란색, 빨간색 풍선들을 동그랗게 불어 실에 매달아, 달려드는 아이들에게 하나씩 나눠준다. 아이들은 고개 흔들며 강아지를 갖고 싶다고 소리친다. 찬이 엄마가 웃으며 기다란 풍선에 바람을 넣고 손으로 모양을 잡는다. 하얀 강아지, 분홍 강아지, 까만 강아지까지 줄줄이 눈을 뜬다. 아이들이 깔깔거리며 강아지 한 마리씩 데리고 간다. 햇살 푸르른 날 색색의 풍선들이 춤을 춘다.

정림동에 있는 '돈보스꼬의 집'은 울타리가 무너진 가정을 대신해 신부님이 부모 역할을 해주는 곳이다. 초등학생부터 고등학생까지 다양한 연령의 아이들이 형제처럼 지낸다. 일주일에 한 번 일요일마다 정림동에서 보냈다. 미사 드리고 아이들과 점심 먹고 집으로 오는 동안 십여 년의 시간이 훌쩍 지나갔다.

'돈보스꼬의 집'과 인연 맺은 건, 두 아이를 입양하고서다. 돈보스꼬의 아이들과 마찬가지로 울타리 없이 떠돌던 두 아이는 날개 부러진 새 같았다. 난 아이들의 부러진 날개를 어루만지기 위해 이곳에 오기 시작했다. 두 아이가 성장하는 동안 혹시라도 길을 잃게 된다면, 마음 나눌 친구를 만들어 주고 싶었다. 돈보스꼬 아이들과 우리 아이들은 마치 형제처럼 어울렸다. 방학이면 돈보스꼬 아이들이 우리 집에 와서 지내고, 내 아이도 그곳에서 보냈다. 한 아이의 생일은 모두의 생일이어서, 기다렸다는 듯이 파티를 열었다. 나는 파티에 어울리는 장식을 하고 아이들과 친해지고 싶어 풍선 공예를 배웠다. 풍선은 어른, 아이 할 것 없이 모두에게 꿈을 꾸게 할 것 같았다.

오월이면 우리는 동네잔치를 열었다. 돈보스꼬의 집에 사는 아이들과 작은 끈이라도 이어진 친척이 있다면, 가족의 끈이 끊어지지 않게 하자는 생각으로 시작한 행사였다. 봉사자들 가족까지 한데 어울려 선물을 주고받으며 하루를 지낸다. 그날, 두 아이는 그곳 아이들과 신나게 뛰어다니고 나는 풍선 아줌마가 된다. 노란 풍선에 웃음을 넣고, 빨간 풍선에 꿈을 담고, 파란 풍선에 기도를 실었다. 세상 모든 아이가 모락

모락 자라나 자유롭게 날아다니길 바라면서, 강아지를 만들고 꽃과 사과를 만들었다.

 슬슬 그림자가 옅어진다. 이제 마무리할 때다. 주섬주섬 들뜬 마음을 챙기는데 재영이가 빤히 보고 있다.

"재영이 풍선 안 받았어? 뭐 만들어 줄까? 강아지, 꽃, 사과?"
"아줌마 오늘 데려온 꼬마 누구예요?"
"아, 샘이. 아줌마 아들이야."
"아줌마도 할머니한테 샘이 맡겼다가 데려온 거예요?"
"아니. 며칠 전에 아줌마 아들 하기로 했어. 샘도 엄마, 아빠가 없거든."

재영이가 고개를 숙이고 중얼거린다.
"뭐라고?"
"나도 데려가지. 왜 걔만 아들 하냐고요."

크게 외치고 재영이가 달려간다. 줄 끊어진 풍선들이 하늘에 오른다.

 돈보스꼬의 집에 있는 아이들은 부모 없는 아이들이 아니다. 한쪽 부모만 있거나 양쪽 부모가 있어도 연락이 안 되는, 때로는 일찍 부모를 여의고 할머니 할아버지 손에서 자라다가 이곳에 온 아이들이다. 재영이는 아빠가 돌아가시고 엄마는 소식이 없다. 할머니가 부모 역할을 했지만 나이 많고 병이 들면서 이곳에 온 아이다. 그런 재영이가 나를 나무란다. 저도 데려가지 왜 다른 애만 데려왔냐고. 문득 풍선 하나로 책임을 면하려고 했던 손이 부끄럽다.

십여 년을 그렇게 지내다가 생활이 어려워지면서 그곳과 멀어졌다. 아침부터 저녁까지 일에 빠져 정신없이 지내던 어느 날 전화가 왔다.

"아줌마, 저 재영이에요. 잘 지내시지요?"
"재영이? 세상에 이게 얼마 만이니. 어떻게 지내니? 보고 싶다."
"아줌마 보고 싶어 여기저기 물어봤어요. 저 결혼해서 아이도 둘 낳았어요. 둘 다 아들이에요."
"그래, 그랬구나. 축하해. 결혼할 때 알았으면 갔을 텐데. 언제 한번 보자."
"네, 이제 연락처 알았으니까 찾아갈게요."
며칠 뒤, 아들 손을 잡고 재영이가 왔다. 근처 식당에서 함께 점심 먹으며 못다 한 이야기를 나누었다.

풍선덩굴에 풍선초가 열렸다. 풍선초가 익으면 까만 씨앗이 튀어나온다. 조그맣고 동그란 씨앗은 하트 하나씩 보듬고 있다. 까만 바탕에 하얀 하트 무늬가 어쩌면 신의 약속은 아닐까 짐작해 본다. 아무리 캄캄해도 희망은 있다는 무언의 징표처럼. 손에 쥔 실 한 가닥만 놓치지 않으면 다시 길을 찾을 수 있다는 누군가의 조용한 대답처럼.

# 배웅

 평생 낮은 자리에 있던 그녀가 높은 단상 위에서 국화꽃 치마를 입고 환하게 웃고 있다. 조카들이 달려와 품에 안긴다. 아니, 덩치 큰 조카들에게 내가 안긴다.

 "작은 엄마, 보고 싶었어요. 제일 먼저 작은 엄마가 생각났어요."

 큰 조카가 눈물 섞인 목소리로 말한다. 큰 조카의 등을 쓸어주고 그녀에게 절을 했다. 직원이 들어와 마지막 인사를 나눌 시간이라며, 원하는 분은 참석해도 된다는 말에 따라 들어갔다. 평생 꾸밀 줄 모르던 그녀가 새 옷 입고 꽃신 신은 채 단아하게 탁자 위에 누워 있다. 가까이 다가가서 얼굴을 보았다. 하얗게 분칠하고 빨간 립스틱을 바른 모습이 어쩐지 낯설다. 평소의 그녀와는 다른 얼굴이었다. 직원이 우리에게 아직 들을 수 있다면서, 하고 싶은 말을 하라 한다. 그녀의 손을 잡고 속삭였다. 가시는 길 평안하시라고, 그동안 고마웠다고 작별을 고했다.
 75세 나이로 세상과 선을 그은 그녀. 우리는 37년 전 처음 동서지간으로 만나 1년에 몇 번 만나는 사이였다. 집안 기제사나 명절, 크고 작은 행사 때마다 마음 써주며 선하게 웃던 그녀였다. 가시방석에 앉은 것처럼 어렵기만 하던 시댁에서, 유일하게 마음 터놓고 지내던 큰형님이 세상을 등졌다. 입관하면서 더욱 커진 막내 조카 울음소리에 큰 조카와 둘째 조카의 눈물바람이 두께를 더한다. 저 곡소리가 다른 세상으로 접어드는 그녀를 반기는 천상의 나팔소리였으면 좋겠다.

정거장까지 따라 나오는 큰 조카를 달래어 들여보내고 집으로 향했다. 돌아오는 기차 안에서 큰형님을 떠올렸다. 세 딸의 사춘기를 온몸으로 받아내며 힘들어하던 그녀. 나를 언니처럼 따르는 조카들을 부탁한다며 미안해하던 그녀. 간간이 속 깊은 이야기를 나누던 그녀는 내가 아이를 입양할 때마다 그 어려운 걸 어찌하냐며 걱정했다. 동서지간을 넘어 친정 언니처럼 따뜻한 분이었다.

어려운 살림에 옷 한 벌 사는 것도 아까워하며 누구보다 열심히 살던 그녀였다. 사위 보고 손자 보면서 환하게 웃기 시작한 지 불과 몇 해, 그녀가 치매에 걸렸다. 이승과의 끈을 차차로 놓으면서 지난한 시간을 지우기 시작했다. 길을 잃고 일상이 흐트러져도 만날 때마다 "자네가 고생이 많네."를 주문처럼 건네던 예쁜 치매였다. 평소의 그녀답게 남은 가족들 고생할까 봐, 아주 잠깐 방황하다가 훌쩍 세상을 떠났다.

입관 장면이 떠오른다. 여전히 가부키 인형 같다는 생각을 떨칠 수 없다. 생전 보지도 못한 가부키 인형이 왜 떠올랐는지 모르겠다. 아니 그런 인형이 있기나 한 걸까? 인터넷을 뒤져 보았다. '가부키'란 일본의 전통 연극으로 16세기 후반 여승이었던 오쿠니가 불교도들을 풍자하면서 시작되었다 한다. 이후 천박하고 관능적이란 이유로 금지되었다가 남자들로만 구성된 가부키 형식을 이루게 되었다고 한다. 가부키 인형 사진도 하얀 머리에 흰 수염을 길게 기른 할아버지 모습이었다.

그녀의 마지막 모습을 보면서 가부키 인형 같다는 생각을 한 이유가 뭘까. 평소의 그녀답지 않게 짙은 화장을 한 모습 때문이었나. 어쩌면 그녀가 생전에 믿고 따르던 종교 때문인지도 모른다. '남묘호렌게쿄' 그녀가 수시로 중얼거리던 말이다. 가톨릭 신앙을 가진 식구들이 모인 날에도 구석자리에 앉아 남묘호렌게쿄를 열심히 중얼거렸다. 그 종교가 일본에서 건너와서인지 장례식 내내 이질감이 느껴졌다. 그러고 보니 수의도 신발도 우리나라의 수수함과는 달리 화사하고 품새가 유난히 작았다. 원래도 마른 사람이 살이 더 빠졌나 보다 생각했는데, 종교적인 이유 때문이었다.

  종교가 다르다는 이유로 입방아에 오르기도 했지만 그녀는 상관하지 않았다. 누가 뭐라 해도 자신의 믿음대로 행동한 용기는 어디서 나온 것일까. 하긴 내가 아는 그녀는 언제나 당당했다. 어쩌면 나는, 그녀의 살아생전 모습을 좀 더 닮아야 할지도 모른다. 매사에 쭈뼛거리며 눈치 보기 일쑤인 나와 달리, 자신이 옳다고 믿는 것에 대해 거침없었던 그녀를 말이다.

  대전역에 내려 집에 가는 버스에 올랐다. 차창 밖을 내다보며 잠시 마음을 모은다. 여자로 태어나 한 집안의 며느리로 생을 마감하기까지 그녀의 걸음걸음이 충만했기를, 나아가는 세상이 어딘지 모르지만 평화롭기를 바라며 안녕을 고한다.

## 정말 사주 때문일까

아들에게서 전화가 왔다. 모처럼 필리핀까지 가서 아들과 즐거운 날들을 보내고 돌아온 지 며칠 안 되었을 때다.

"엄마, 은실이가 친엄마 찾고 싶대."
"갑자기 왜? 전에 친부모 보고 싶으면 찾아주겠다 해도 괜찮다고 하더니만."
"응, 사주가 궁금한데, 태어난 시간을 몰라 정확한 사주가 안 나오니까 답답하대."
"에구, 사주 보러 다니는 일은 끝난 줄 알았더니만 아닌가 보네."
"그러게 말이야. 내가 그런 거 신경 쓰지 말라니까, '결혼할 때 남자 집안에서 사주 본다고 물어보면 어떻게 하고' 그러면서 친엄마 찾고 싶다면서 울었어."
"알았어. 엄마가 은실이랑 얘기해 볼게."

전화를 끊고 나서 한참을 멍하니 있었다. 친엄마를 찾고 싶다는 말이 머릿속에서 맴돈다. 삼십여 년 전 옳다고 했던 일이 섣부른 판단은 아니었는지. 그로 인해 딸에게 돌이킬 수 없는 상처를 남긴 건 아닌가 싶어 마음이 불편했다. 어쩌면 난 그들에게 기회를 더 주었어야 했던 건 아닐까. 이미 끝난 줄 알았던 인연이 여전히 힘을 발휘하고 있는 걸 보며 핏줄이란 것을 다시 생각해본다.

삼십여 년 전 한국어린이재단에서 위탁가정을 모집해서 참가했다. 위탁가정이란 질병이나 이혼 등으로 원가정이 제 역할을 못할 때 아동을 보호하다가 원가정이 안정되면 돌려보내는 걸 기본으로 한다. 위탁가정이란 용어조차 모르는 사람들이 태반인 상황에서 한국어린이재단이 처음 시작한 것이다. 지금은 위기아동 보호시설이란 명칭으로 정부 지원까지 받으며 운영되지만, 당시에는 순수하게 봉사 차원에서 하는 일이었다. 우리 부부는 결혼 전부터 그룹 홈을 하려고 뜻을 모은 상태여서 망설임 없이 동참했다.

난 가정이라는 울타리가 제 역할을 못 하면 아이가 얼마나 힘든지 몸소 경험했다. 남편 역시 어린 나이에 상경해 떠돌이처럼 생활했던 터라 이 부분에 있어서는 같은 마음이었다. 얼마 지나지 않아 한 아이가 집에 왔다. 두 돌을 막 지난 여자아이였다. 아이와 더불어 친부모와도 교류가 있었다. 아니, 친부모까지 양육했다는 말이 더 어울리겠다. 아이 핑계로 두 부부가 교대로 우리 집에서 살다시피 했으니까.

동거 중에 임신하고 남자와 헤어졌다는 친엄마는 아이 같은 사람이었다. 그녀는 남의 집에 제 자식과 함께 지내면서 기저귀 한 번 안 갈 정도로 철이 없었다. 가만히 앉아 밥상 받고 설거지 한 번 안 하면서 태평으로 지냈다. 하는 행위가 괘씸해서 화가 났지만 죄 없는 아이를 생각해 참았다. 친엄마니까 아이와 잘 살길 바라며 다독였다. 하지만 일 년이 지나도 바뀌지 않았다. 그녀는 아이를 핑계 삼아 남에게 손 내미는 게 몸에 밴 사람이었다.

몇 달이나 취직자리 알아본다고 무위도식하는 걸 보다 못해 한 번은 크게 야단을 쳤다. 얼른 취직해서 아이와 제대로 살라고 싫은 소리를 했더니 슬그머니 나가서 들어오지 않았다. 이제 정신 차리고 직장을 구하겠지 생각했다. 며칠 뒤에 나타난 그녀가 돈을 빌려달라고 했다. 기숙사 있는 공장에 들어갔는데 첫 월급 탈 때까지 쓸 돈이 필요하다는 명목이었다. 한 번 더 믿었다. 그렇게 떠난 그녀는 월급을 몇 번이나 받을 정도로 시간이 흘렀지만 나타나지 않았다.

아이를 돌봐주기로 약속했던 일 년이 훌쩍 지났다. 어린이재단에서 그녀에게 아이를 어떻게 할 건지 결정하라고 연락했다. 재단의 압력 때문이었을까. 석 달 만에 나타난 그녀가 엉뚱한 말을 했다. "내가 호적상 처녀인데 아이 있으면 신세 망치잖아요. 그러니 알아서 하세요. 난 안 키울래요." 자기 말만 남기고 도망치듯이 나가버렸다. 어이가 없었지만 아이 거취는 정해야겠기에 재단에서 수소문해서 친아빠를 찾았다.

유유상종이라던가. 친아빠라는 사람 역시 친엄마와 비슷한 부류였다. 친아빠는 새 여자를 데리고 왔다. 여자가 임신 중인 데다 자신은 일이 없어 놀고 있다며, 곧 데려갈 테니 좀 더 돌봐달라고 했다. 아이를 위해 그러기로 했다. 다시 일 년, 친아빠라는 사람도 친엄마와 비슷했다. 아니, 친엄마보다 더 심하게 새 여자까지 데리고 들락거리면서 제멋대로 행동했다. 단순히 아이에게 도움 되기를 바라고 시작한 일인데, 친부모의 행동이 점점 도를 넘고 있었다. 호의를 이용만 하는 친부모에게 마냥 휘둘릴 수 없었다. 결국 어린이재단과 상의해서 종결하기로 했다.

재단에서 친아빠에게 아이를 데려가라고 통보했다. 통보를 받고도 소식 없던 친아빠가 며칠 만에 나타났다. 고마웠다는 말 한마디 없이 인상을 잔뜩 찌푸리고 아이를 데려갔다. 아무것도 모르고 동생 생겼다고 좋아하던 큰 애가 "엄마, 은실이 언제 와?" 하면서 물었지만, 나는 아무 말 못 했다.

일주일이나 지났을까. 친아빠에게서 전화가 왔다. "오늘 면접 보러 가는데 아이가 오빠랑 놀고 싶다 하네요. 낮에 잠시 데려다 놓아도 되지요?" 아이가 보고 싶어 그러라 했다. 아침 일찍 찾아온 아이를 보고 큰 애가 좋아서 어쩔 줄 몰라 한다. 아이는 "큰엄마, 나 여기서 살래. 오빠랑 같이 살 거야. 거긴 먹을 게 하나도 없어." 하면서 내 다리에 매달렸다. 눈물이 나오려는 걸 참고 간식을 주었다. 아이는 정신없이 간식을 먹어치우고 큰 애 뒤를 쫓아다니며 깔깔거린다.

그렇게 아이를 데려다 놓고 간 친아빠는 다시 나타나지 않았다. 며칠을 기다리다가 전화했다. 친아빠는 새 여자가 집을 나가버렸다며 자기는 못 키우니까 입양시키든지 말든지 알아서 하라며 전화를 끊어버렸다. 이야기를 들은 재단 측에서 이젠 해외로 입양 보내는 수밖에 없다고 했다. 큰아이랑 같이 뛰어노는 아이를 바라보았다. 남편도 아이를 바라보고 있었다. 우리 부부는 고민 끝에 아이를 입양하기로 했다.

우연한 기회에 한 아이의 엄마가 되었다. 친부모로 인해 받았던 상처들이 장애가 되어 뒤뚱거리는 아이를 보듬고 눈물 꽤나 흘렸다. 크고 작은 사건들을 하나씩 해결해 가며 딸아이를 키웠다. 딸아이가 성장통을 심하게 앓을 때 친부모가 보고 싶으면 혼자 끙끙거리지 말고 언제든지 말하라고 했다. 무슨 방법을 써서라도 찾아주겠다는 말도 함께 했다. 하지만 마음속으로는 딸아이가 혈육 같은 건 신경 쓰지 않기를 바랐다.

단순히 애써 키운 딸이 친부모를 찾는 것에 대한 서운함 때문은 아니었다. 그건 친부모의 됨됨이를 충분히 겪어봤기에 하는 염려였다. 사람은 여간해서 변하지 않는다는 걸 알만큼 세상을 살아왔다. 살아온 날들이 나로 하여금 그들이 지금은 달라졌으리라는 걸 믿지 못하게 한다. 난 딸아이가 행복하기를 바라기에 진정으로 친부모를 보고 싶다면 찾아줄 것이다. 다만 그들이 내 딸을 힘들게 할까 봐 걱정이 될 뿐이다.

딸아이 말대로 친부모를 찾고 싶은 마음이 사주 때문이라면 계속 모른 척하고 싶다. 하지만 그것이 친부모에 대한 그리움의 다른 이름이라면, 아이의 마음이 다치지 않고 삶이 흔들리지 않도록 옆에서 함께 걷는 방법을 찾아주고 싶다.

## 남편 구독하기

안희연 산문집 『단어의 집』에서 "나는 무엇을 구독하는 사람인가"라는 문장을 보았다. 작가 안희연은 드라마 〈슬기로운 의사생활〉을 보던 중, 흉부외과 레지던트 도재학 선생의 말에 붙들렸다고 한다. 드라마에서 말하는 구독은 신문이나 잡지 등을 읽는 사전적 의미와 달리 구하여 얻는다는 뜻으로, 곧 있을 장기 이식 수술을 위해 뇌사자로부터 장기를 받아 오는 역할을 자신이 도맡겠다는 의미였다.

'구하여 얻는다.' 내가 평생 쫓아다닌 말이다. 어릴 때는 부모의 사랑과 안전한 집. 좀 더 자라서는 돈 많이 벌기. 무엇보다도 가장 애태우며 구독하려고 했던 건 배움이었다. 배우지 못해 좋은 직업을 구하지 못하고, 품팔이로 입에 풀칠하는 삶을 자식에게까지 물려주고 싶지 않았다. 끈질긴 가난을 끊어내려고 노력한 시간이 첩첩산중이다. 열심히 노력했지만 이루지 못한 밑 빠진 독처럼 채우지 못한 아쉬운 단어이다.

구독에 대해 생각하다가 남편에게 시선이 닿았다. 세상 누구보다도 선하고 부지런한 사람이 내 남편이 되는 순간 무능한 남자가 되었다. 외국 드라마에 나오는 맥가이버처럼 못 하는 게 없던 사람이, 이것도 못하고 저것도 못하게 된 건 순전히 돈 때문이다. 남들만큼 돈을 못 벌어서, 기껏 번 돈을 움켜쥐지 못하고 남에게 베풀기만 해서, 한 푼이라도 더 벌려고 아이들과 놀아주지 못해서, 사소한 것들이 모여 멀쩡한 남편을 형편없는 사람으로 만들었다. 정말 남편은 그렇게 부족하기만 한 사람일까.

남편은 해남 땅끝마을에서 중학교를 졸업하자마자 서울에 올라왔다. 어린 나이에 작은아버지가 계시는 도매 시장에서 사회생활을 시작했다. 자연 속에서 자유롭던 소년은 복잡한 시장에 몸 부리며 어떤 다짐을 했을까. 바닷가에서 길 잃은 게를 주워 간장독에 넣고, 망둥이 잡아 된장에 찍어 먹었다는 그가 낯선 도시에서 입에 맞는 반찬은 찾았을까. 어쩌면, 질경이처럼 시장 바닥에서 살아남으려고 발버둥 치는 동안 파도 소리를 환청으로 들었을지도 모른다. 밭일 나간 엄마 기다리며 쌀 씻어 밥해놓았다는 소년. 그는 밥 때마다 떠오르는 엄마 생각을 어떻게 지웠을까.

내가 그를 만난 건 장애인 공동체에서였다. 제대하자마자 노숙인 쉼터를 거쳐 중증 장애인의 집까지 왔다는 그는 서른 살의 존경받는 봉사자였다. 주방에서부터 집안 수리, 후원자 응대까지 못 하는 게 없었다. 아침부터 밤까지 오직 봉사밖에 모르던 그가 나를 만나지 않았다면 어땠을까. 분명 머리카락 빠진 삼손처럼 힘을 잃진 않았을 것이다.

시장에서의 치열함을 봉사자로 지내는 동안 까맣게 잊어버린 남편은 아주 오래 방향감각을 찾지 못했다. 움켜쥐어야 하는 세상과 나누기만 하면 행복한 세상, 두 혼재된 세상에서 부딪치면서 남편은 상처투성이가 되었다. 평생 말없이 따라줄 것 같았던 아내가 자식 앞세우며, 세상살이 좀 바로 하라고 난리 칠 때 그는 또 얼마나 아팠을까. 그런저런 생각들을 두서없이 떠올리며 남편을 다시 보았다.

 하느님 보시기에 참 좋은 아들인 남편이 세상에서, 나에게서 제대로 대접받지 못하고 있다. 물질의 열렬한 구독자인 아내 덕분에 그는 오늘도 땡볕에 막노동을 나간다. 저녁이면 속없는 아이처럼 "여보, 나 오늘 이만 보 넘게 걸었어.", "오늘은 물을 아무리 마셔도 갈증이 가시지 않고 배만 잔뜩 불러."라고 웃으며 부실한 밥상에 앉는다. 가난한 살림에 아프다는 핑계로 일손 놓아버린 아내가 어찌 불편하지 않을까. 그런데도 "낮에 더우면 에어컨 틀고 책 봐." 하면서 집을 나서는 등이 구부정하다.

 오늘은 눈에 주사 맞는 날이다. 병원에서 돌아오는 길, 은행에 들러 남편의 땀방울이 입금된 통장에서 공과금을 냈다. 아침 일찍 작업화를 신고 집을 나서던 그의 모습이 통장 위에 어른거린다. 오랜만에 남편이 좋아하는 막걸리와 소고기를 샀다. 가벼워지는 그의 몸무게가 문득 마음을 건드린다.

 지난날 내가 남편에게서 구독하고자 했던 것은 무엇이었을까. 나는 남편에게 어떤 아내였을까. 마음에 들지 않으면 말 없음으로 배려하는 척 남편을 힘들게 했던 순간들이 있었다. 그가 나에게 해주지 않은 것들을 되새김질하며, 푸석거리는 마음을 날것 그대로 드러내곤 했던 날들이 새삼 부끄럽다.

 하루 종일 흘린 땀을 막걸리 한 사발로 보충하면서 세상 다 가진 것처럼 웃는 남자. 저 남자와 나는 가진 것 없이 맨몸으로 세상과 맞짱 뜬 동지이며 함께 전쟁을 치른 전우다. 삼십칠 년의 결혼 생활 동안 늘어난 건 주름살만이 아니다. 하나하나 헤아리지 못할 만큼 제법 많은 정이 쌓여 있다. 이제 남편의 단점을 찾는 버릇은 바람에 날려버리고, 가벼워져만 가는 그를 품 넓게 안아주고 싶다. 세상 끝날 때까지 그의 편이 되어 구독의 사전적 의미처럼, 남편을 있는 그대로 바라보는 내가 되고 싶다.

# 이걸 어쩌나

젠장, 이건 분명 재인이 탓이다. 녀석은 어딘가 모자란 게 분명하다. 어쩌면 그녀 말처럼 열 달을 채우지 못해서인지도 모른다. 녀석이 하는 일이라곤 먹고, 자고, 싸고, 우는 것이 전부다. 아무것도 할 줄 모르는 조그만 녀석이 밤낮없이 커다란 울음으로 식구들을 휘두른다. 태생이 달라서일까, 점잖은 구석이라곤 찾아볼 수 없다. 왕족으로 태어난 나에 비하면 녀석은 지극히 평범한 출신이다. 그래서인지 태어나는 날에도 꼭두새벽부터 온 집안을 휘저으며 소란을 피웠다. 거기에 비하면 나의 출생은 얼마나 우아했는지 모두가 경탄할 정도였다.

난 녀석에게 하고 싶은 말이 많다. 제일 먼저 남의 수면을 방해하지 말라고 알려줘야겠다. 녀석이 시도 때도 없이 울어대는 통에 밤마다 잠을 잘 수 없기 때문이다. 나는 괜찮다. 낮에 자면 되니까. 문제는 그녀가 늘 비몽사몽이라는 것이다. 오죽하면 나에게 밥 주는 것을 잊을까. 그뿐인가. 그녀가 잠을 설치는 날이 잦아지자, 드문드문 보이던 할머니가 아예 눌러 살게 되었다. 덕분에 나의 일상은 더욱 피곤해졌다. 평소 나를 못마땅해하던 할머니가 노골적으로 구박하기 때문이다. 이래서 굴러온 돌이 박힌 돌 뺀다는 속담이 생겼나 보다.

세상살이가 어찌 편하기만 할까. 이런저런 일들로 복잡다단한 게, 살아 있는 존재라면 누구나 겪는 일 아닌가. 그런데 조금 불편하다고 울기부터 하다니, 입장 바꿔 생각해 보자. 말도 안 하고 울기만 하면 누가 알아준단 말인가. 눈만 뜨면 우는 녀석 때문에 허둥거리는 그녀를 보면 안타깝다. 어느 정도 시간이 흐른 뒤에야 그녀는 녀석이 울음으로 하는 말을 알아듣게 되었다. 물론 할머니의 묵은 지혜가 한몫 하긴 했다. 하지만 그러기까지 시끄러웠던 집안을 생각하면 지금도 머리가 지끈거린다. 무엇보다도 녀석이 울기 시작하면 식구들이 약속이라도 한 듯이 나를 잊어버리는 게 무척 기분 나쁘다.

   그녀를 처음 만났을 때가 생각난다. 나를 바라보는 눈이 밤하늘 별보다 더 반짝거렸다. 그 눈빛과 마주치는 순간 한눈에 반하고 말았다. 그녀 가슴에 안겨 심장이 톡탁거리는 소리를 들으며 가슴이 터질 것 같아 두렵기까지 했다. 그녀는 평민들 중에선 드물게 우아한 여성이다. 호들갑스럽지 않고 조용하며, 밖에 나가 돌아다니는 것보다 집에서 책보는 걸 더 선호한다. 무슨 소린지 도무지 모를 시끄러운 음악보다, 물결처럼 나직하게 찰랑이는 선율을 좋아한다.
   창가에 어리는 노을을 바라보다가 나를 향해 가만히 웃는 모습은 천사가 따로 없다. 그녀가 제일 좋아하는 건 유리창에 빗방울이 또르르 미끄러질 때, 커피를 마시며 빗소리에 잠기는 것이다. 그 취향은 내 마음에도 쏙 들어, 우리는 비 오는 날마다 창가에 나란히 앉아 있곤 했다. 영원할 것 같던 평화로운 날들은 녀석의 등장으로 끝장났다. 말도 못 하고 울기만 하는 교양 없는 녀석이 가차 없이 흔들었다. 고요한 햇살과 살랑거리는 바람 같은 평화가 와사삭 깨졌다.
   나 없으면 못 살겠다던 그녀가 변했다. 아침에 일어나면 제일 먼저 나에게 향하던 시선이 주저 없이 조그만 녀석에게 달려간다. 그뿐인가,

굴러온 돌에 불과한 할머니가 수시로 구박하는 데는 정말 참을 수 없다. 난 조만간 집을 떠나기로 작정했다. 그녀와 헤어질 생각을 하면 가슴이 찢어질 듯 아프지만, 구차하게 애정을 구걸하고 싶지 않다. 누가 뭐라 해도 나는 왕족이 아닌가.

집을 나가겠다는 결심은 아무에게도 말하지 않았다. 그런데 어쩐 일인지 그녀만 빼고 온 동네가 다 아는 눈치다. 어쩌면 옆집 루비의 소행일지도 모른다. 우아하고 점잖은 우리 고양이들과 달리 강아지 루비는 촐싹거리며 꼬리나 흔들 줄 알지 속이 없다. 처음 이웃이 되면서부터 루비는 수시로 속삭였다. 그녀의 사랑은 거짓이라며, 믿는 도끼에 발등 찍히는 날이 멀지 않았다고 말이다. 단순히 질투로만 여겼는데 요즘은 그 말이 맞을지도 모른다는 생각에 씁쓸하다. 어쨌든 마음은 정했는데 한 가지 일이 남아 실행을 미루고 있다. 그건 저 품위 없고 버릇없는 녀석에게 잘못을 일러주기 위해서다. 녀석의 잘못이 무엇인지, 그로 인해 내가 입은 피해가 얼마나 큰지, 제대로 알려준 뒤 떠나려고 때를 기다리는 중이다. 최소한 말귀는 알아들어야 할 테니 말이다.

모처럼 고요하다. 창문밖에는 그녀와 내가 그토록 좋아하던 비가 내린다. 예전 같으면 커피 향기가 다가올 텐데 아무런 기척이 없다. 어젯밤 늦게까지 조그만 녀석에게 휘둘린 그녀는, 비가 오는 것도 내가 창가에 앉아있다는 것도 모른 채 단잠에 빠져있다. 우리 둘의 달콤한 순간들이 다시 오지 않는다 생각하니 우울하다. 슬쩍 그녀를 깨울까 하다가 모처럼 단잠에 빠져 있을 그녀를 위해 참기로 했다.

아직은 이른 시간, 창문에 빗방울이 돋는 걸 바라보는데 묘한 파동이

인다. 고즈넉하게 가라앉은 공기에 피식피식 불협화음이 감겨든다. 가만 귀 기울였다. 재인이가 그녀를 호출하려고 준비하는 소리 같다. 정말 분위기라고는 모르는 녀석이다. 잠시 망설이다가 그녀가 조금이라도 더 쉬길 바라며 녀석에게 다가갔다. 작은 팔다리를 꼼지락거리던 녀석이 눈을 동그랗게 뜬다. 그녀의 눈동자를 닮은 녀석이 나를 똑바로 바라보며 방긋 웃는다. 순간, 심장이 쿵! 이걸 어쩌나. 곧 떠나야 하는데 저 조그만 녀석이 나를 붙든다.

# 그들은 잘 살고 있을까

"엄마, 가인이는 어떻게 지내고 있을까?"
"글쎄, 잘 지내고 있겠지."

마당을 사이에 두고 마주 본 문이 활짝 열리면서 아이들이 뛰어나온다. 일곱 살부터 네 살까지 네 명의 아이들이 좁은 마당을 채운다. 반짝이는 햇살이 지붕 위에 내려앉으면 재재거리는 아이들 소리가 하루를 연다. 두 가족이 한 대문 안에 살기 시작하면서 두세 평이나 될까 한 마당에 온통 웃음꽃이 피어난다.

낮부터 밤까지 눈발이 이어지던 겨울이었다. 외둥이로 혼자 지내던 아들은 두 살 터울 동생을 맞이한 지 며칠 지나지 않아, 새로운 동생들을 맞이했다. 남편 고향 친구가 찾아왔기 때문이다. 춥고 어설픈 겨울밤에 밥솥과 이불을 싸 들고, 남편 친구가 아내와 아이 둘을 데리고 왔다. 당황했지만 늦은 시간이라 일단 한 방에서 같이 잠을 잤다.

다음날, 광주에서 하던 옷 가게가 잘못되어 야반도주를 했다는 말을 들었다. 어디로 갈지 암담했는데, 남편이 무조건 오라고 해서 염치없이 왔다 한다. 남편은 걱정하지 말고 같이 지내자며 웃는다. 평소처럼 앞뒤 생각 없이 손부터 내민 남편이 미웠지만, 좋다 나쁘다 할 상황이 아니었다. 우선 눈앞에 놓인 일을 해결해야 했다.

방 얻을 돈이 없어 작업장인 지하실에서 살고 있는 처지였다. 우선 급한 대로 근처 주택단지에 월세방을 얻고, 친구 가족에게 필요한 살림살이를 준비해 줬다. 도매시장에 수입 과일을 납품하는 남편이 거래처를 몇 군데 떼어주고, 중고 트럭을 구입해 일할 수 있게끔 해줬다. 그때부터 두 집이 한 가족처럼 지냈다.

우리 아들이 일곱 살, 친구 딸이 여섯 살, 새 가족이 된 지 얼마 안 된 딸이 다섯 살, 친구 아들이 네 살. 줄줄이 한 살 차이로 네 명의 아이가 생겼다. 아들은 혼자 지내다 갑자기 동생들이 생긴 게 좋았나 보다. 지하실에서 엄마 품만 파고들던 아이가 물 만난 고기처럼 즐거워했다. 아이들은 아침이면 눈뜨기 바쁘게 서로를 찾고 저녁에는 헤어지기 아쉬워했다. 마침 집주인이 다른 방도 세놓는다기에 우리도 지하실을 빠져나왔다. 한 대문 안에서 아이들은 유치원과 초등학교를 함께 다녔다. 소꿉놀이하듯 몇 년이 훌쩍 지나갔다.

아들이 중학교 삼학년, 딸이 중학교 입학을 앞두고 있을 때였다. 올 때처럼 소리 없이 친구 가족이 사라졌다. 그제야 친구가 물건을 가져가기만 하고, 물건 대금은 최소한으로 했다는 걸 알게 되었다. 남편은 친구라서, 자초한 일이라서, 말도 못 하고 끙끙 앓았다. 남은 건 친구가 미지급한 대금과 그 돈을 대신 채우느라고 남편이 몰래 차용한 것까지 억대의 빚이 남았다. 상황은 엉망으로 치달았다. 일은커녕 당장 눈앞에 닥친 일조차 해결할 길이 막연했다. 중학교 입학을 앞둔 딸에게 교복 사줄 돈도 없었다.

남편은 묵언 수행하는 수도승처럼 방 안에서 꼼짝하지 않았다. 뭘 잘했다고 그러냐며 소리치고 싶었지만, 폐인으로 만들까 봐 두려움이 앞섰다. 작업장과 살고 있던 집 보증금을 빼서 작은 슈퍼를 인수했다. 다행히 가게에 방이 두 개여서 딸과 막내아들이 함께 쓰게 하고, 고등학교 들어가는 아들은 따로 원룸을 얻어주었다. 그 후 이십여 년 정신없이 슈퍼 아줌마로 살았다.

하루 벌어 아이들 건사하고 하루 벌어 빚 갚는, 밑 빠진 독에 물 채우는 것처럼 끝이 보이지 않는 길을 눈 질끈 감고 걸었다. 생각하면 생각할수록 남편이 원망스럽고, 바보처럼 뒤처리하고 있는 내가 미워서, 친구 가족에 대해서는 한마디도 하지 않았다. 잊어야만 숨을 쉴 수 있었으니까. 하지만 내게는 잊고 싶은, 잊어야만 살 수 있는 기억이 아들에게는 기억하고 싶은 소중한 추억이었다.

네 녀석이 한 덩어리로 태권도장과 피아노 학원을 다녔다. 유치원도, 초등학교도, 심지어 성당까지. 소풍날이면 김밥을 산더미같이 싸면서 온 집안을 참기름 냄새로 채웠다. 학교 다녀오면 커다란 상을 펼치고 나란히 앉아 숙제했다. 먹는 걸 즐기지 않던 아들이 그 아이들과 함께 있으면서, 하나라도 더 먹으려던 모습에 감동하기도 했다. 틈만 나면 줄줄이 자전거 타고 학교 운동장으로 달려가던 아이들. 그런 아이들과 아들은 작별 인사도 못 하고 헤어졌다. 잠자고 일어났는데 갑자기 마치 동화책에 나오는 나쁜 마법사에게 잡혀간 것처럼 친구들이 사라져 버렸다. 그뿐인가. 친구가 사라진 이유를 누구에게 물어볼 수도 없는 현실에 얼마나 답답하고 슬펐을까.

아빠 친구가 어떤 영향을 줬는지 말하지 않았다. 하지만 눈치 빠른 아들은 짐작하고도 남았을 것이다. 우리 부부가 말하지 않아도 주변 사람들이 더 안타까워하며 말이 많았으니까. 가인이네에 대해선 한마디도 안 하던 아들이 제 나이 서른이 넘어서야 겨우 묻는다. 그러기까지 그들이 얼마나 보고 싶었을까 생각하면 입이 열 개라도 할 말이 없다. 잊으려고 노력했던 일이 아들의 질문으로 되살아났다. "그들은 잘 살고 있을까?" 주어진 상황에서 최선을 다했는데 아들에게 미안한 건 어떻게 할지 모르겠다.

# 늦게 핀 인사

 바람이 제법 쌀쌀하네요. 비온 뒤라 그런지 자꾸만 몸이 움츠러듭니다. 어찌 보면 내 마음 같기도 한 바람을 맞으며 당신 생각을 합니다. 요즘 어떻게 지내시는지요? 복잡한 세상살이 벗어나 살만하신지요. 수시로 눈 동그랗게 뜨고 비난하던 제가 없으니 좀 편안하지 않으실까 짐작해 봅니다. 전 잘 지내고 있습니다. 우리가 함께 지내던 그때처럼 조금은 뒤뚱거리고 조금은 헤헤거리며 잠깐씩 두리번두리번 눈치도 보면서 말입니다.

 솔직히 말해 당신 생각하는 날은 일 년에 몇 번 안 됩니다. 당신 생일날, 제사, 어버이날, 명절 등 열 손가락도 못 꼽지요. 다시없이 귀한 생명을 주었는데 어지간히 정 없는 자식입니다. 돌아보면 저는 그다지 살가운 자식은 아니었습니다. 살갑기는커녕 냉정하기만 했지요. 생명의 은인을 그토록 차갑게 대하고 미워한 까닭은 무엇이었을까요. 그건 제가 욕심꾸러기였기 때문입니다. 남보다 잘 먹고 잘 살고 싶은데 뒷받침해주지 않는, 무능한 당신이 싫어 공연히 어깃장을 놓았던 거지요.

 함께 하는 햇수가 더해갈수록 억울하고 답답했습니다. 왜냐고요? 아무리 애써도 벗어날 수 없는 상황들 때문이었지요. 끝나지 않는 폭음과 악다구니, 병아리 새끼처럼 따라다니는 동생이 버거웠습니다. 그물에 걸린 물고기처럼 벗어나려고 발버둥 칠수록 상황은 더욱 나빠져만 갔지요. 좁은 집안에 저보다 더 대접받던 술병들이 보기 싫었습니다. 아궁이 위에서, 쪽마루 밑에서, 발끝에 채이고 다시 세워지던 그 작은 병들을 치울 수 있었다면 얼마나 좋았을까요. 그러나 술병은 사라지지 않고 당신과 함께 제 삶을 물들였습니다. 숨을 헐떡이며 이리저리 살길 찾아 허둥거리던 제게 술은 모든 불행의 근원이었습니다. 술에 취한 당신이 보기 싫었습니다.

제가 좀 더 속 깊은 아이였다면 우리 사이가 달라졌을까요. 술잔 속에서 찰랑이는 당신 슬픔을 볼 수 있었다면 말입니다. 하지만 저는 많은 것에 서툰 아이였습니다. 부모에게서 세상 사는 법을 배워야 하는데 그러지 못한 어린아이에 불과했지요. 그러니 당신은 이해해 줘야 합니다. 철없는 제가 주변 사람들과 다른 환경을 받아들이는 게 쉽지는 않았다는 걸 말입니다. 당신을 이해하고 사랑하기엔 술병의 그림자가 너무 짙었답니다. 도리 없이 당신을 원망할 밖에요. 그렇게 우리가 함께한 이십오 년의 시간은 종잡을 수 없는 회오리바람의 시간이었습니다.

마음대로 되지 않는 세상에서 어떤 이는 이 악물고 달려들지만 어떤 이는 눈물 흘리며 주저앉지요. 아마 당신도 그랬을 겁니다. 어디선가 어긋난 운명을 바로잡으려다 지쳐서 포기했겠지요. 그리고 슬픔의 강에 몸을 맡겼을 겁니다. 너무 힘들어서 아내도 자식도 아닌, 해맑게 웃는 술병에 몸을 기대기로 했을 겁니다. 어찌 보면 세상살이에 익숙하지 못한 여린 사람이었을 뿐인데, 전 당신을 비난하고 경원시했답니다. 단순히 저를 도와주지 않는다는 이유만으로 말입니다. 그래요. 제가 피해자라고 생각했던 그 순간에 당신 역시 피해자였다는 걸 이제야 조금 알 것 같습니다.

시간이 많이 흘렀어요. 지금 제가 서 있는 곳은 당신이 알던 세상과는 완전히 다른 세계입니다. 아마 지금 눈을 뜬다면 깜짝 놀랄 테지요. 이렇게 달라진 세상에서 당신을 생각합니다. 왜냐고요? 오늘이 바로 어버이날, 일 년에 몇 번 당신을 떠올리는 날 중 하루이기 때문입니다. 세상 모든 외로운 부모들이 모처럼 얼굴에 웃음꽃을 피우는 날이지요. 당신은 얼굴도 모르는 사부인에게, 이 아들 저 아들 찾아와 밀린 효도를 하는 날이기도 합니다. 참, 이건 비밀인데요. 전 이런 날이면 혼자 외딴섬에 있는 것처럼 쓸쓸해져요. 물론 식구들에겐 전혀 내색하지 않으면서 말입니다.

문득 계신 곳은 편안한지 궁금하네요. 세상 복잡한 일 다 내려놓고 그토록 미워하고 사랑하던 아내와 못다 한 사랑 나누긴 하시는지요. 언젠가 우리 만나면, 예전과 달리 조금은 수굿해진 저를 반갑게 맞아주실까요. 그동안 하지 못했던 이야기 조곤조곤 나눌 수 있을까요. 하긴 아무려면 어떤가요. 이러니저러니 해도 당신은 제 아버지이고 전 당신 딸인걸요. 잘 지내시길 바라며 늦게나마 생전에 못 드린 꽃 한 송이 올립니다.

발문

하희경 수필의
자기 해체가 주는 감동

# 하희경 수필의 자기 해체가 주는 감동

김영훈(작가·문학박사·국제펜한국본부대전지회장)

## 1. 들어가는 말

 필자는 수필가이자 시인인 하희경의 생애에 대해 그녀에게 직접 들은 적이 없다. 다만 그녀의 수필 작품과 함께 이따금 시를 읽었을 뿐이다, 그러함에도 불구하고 하희경 수필가의 출생을 포함해 유년의 삶을 비교적 소상히 알고 있다. 그건 최근 몇 년간 그녀가 필자와 함께 문학 공부를 하게 되면서 글을 통해 자연스럽게 알게 된 내력이다.
 필자는 하희경 수필가의 유년기 삶 및 청소년기의 방황과 좌절, 척박하기만 했던 학업 수행 과정, 어린 나이 때부터 가족을 부양해야 했던 질곡의 삶을 안다. 봉사하는 삶을 통해 배우자를 만나고, 배 아파 난 큰아들과 아들딸 두 자녀를 입양해 양육했다는 것도 알고 있다. 그런 중에도 늦은 나이에 검정고시로 중·고등학교 과정을 마치고 방송통신대학을 졸업한 만학도로서의 꿈을 실현한 것까지 잘 알고 있다. 그뿐인가,

50대 중반에 찾아온 중풍으로 인해 시력 상실의 위기에서 아픈 삶을 살고 있다는 것도 알고 있다. 또한 이번에 출간하는 수필집 제4부에 수록되어 있는 작품을 통해 필리핀에 있는 큰아들이 어떤 결혼 과정을 겪었으며, 어떻게 가족관계를 형성하게 되었는지, 그 속에 담겨 있는 사연까지도 소상히 알고 있다.

그러나 그보다도 더 중요한 건 문학가로서의 삶을 알고 있다는 사실이다. 필자는 하희경 작가가 〈한국문학시대〉에서 시인으로 등단한 뒤에 〈시와 정신〉에서 수필로 등단하면서 문학적인 꿈을 성취하는 과정을 가까이에서 지켜보았다. 그녀가 늦은 나이에 아픈 상황에서도 문학도로서의 꿈을 실현하고자 꾸준히 창작을 하면서 자기를 완성하며 열정적으로 삶을 이끌어가는 모습은, 불가사의함까지 느끼게 한다. 게다가 등단한 지 불과 7년 남짓한데도 벌써 시집 세 권에다가 첫 수필집 『민낯』에 이어 이번에 발간하는 수필집 『햇살과 바람의 길』까지 모두 다섯 권의 작품집을 내게 된 성과가 그저 놀랍기만 하다.

다시 말하지만, 필자가 지금까지 진술하고 있는 그녀의 삶은 하희경 수필가의 육성을 통해 들은 게 아니다. 자기 삶을 투명하게 끄집어내어 치열한 문학적인 작업으로 형성화한 수필작품을 읽으면서, 또 시를 읽으면서 알게 된 사실이다. 그녀는 한 번도 자기 삶의 내력을 필자에게 육성으로 내비친 적이 없다.

물론 지금 필자는 그 누구보다도 지근거리에서 하희경 수필가와 만나 함께 호흡하고 있다. 그녀와 함께 필자는 대전시민대학에서 개강한 평생교육 차원에서의 문학 수강 반에서 여러 해 동안, 시·공간을 점유

하면서 상호 간에 교수·학습을 이어가는 중이다. 그 때문에 그녀가 쓴 수필 작품 그것도 최초에 작성된 초고를 함께 읽으며 같이 작품의 완성도를 높여가는 처지이다. 그녀는 좋은 수필을 쓰는 작가인데도 더 나은 작품을 만들어내기 위해 절차탁마하고 있는 중이다.

그러기에 하희경 수필가의 생애를 따로 들여다보지 않아도 그녀의 수필 작품을 통해 그 삶을 훤히 알 수가 있게 되었다. 하희경 수필은 자기 삶을 장막으로 가리지 않는다. 그만큼 고백적이라는 점이다. 맨살을 드러낸다. 그래서 그녀의 삶을 훤히 들여다볼 수가 있다. 그때마다 필자는 독자의 한 사람으로서 작품을 수용하면서 마음이 아리지만, 아린 만큼 감동이 큰 작품을 읽을 수 있는 복을 누리게 되었다.

문학작품 창작은 작가의 경험을 통해 우러나오는 생각과 느낌을 그 작가만의 상상력을 동원해 문자로 표현하는 언어예술 행위이다. 이때 일반적으로 서정, 서사 또는 극 장르의 경우, 작가가 작품 속에 자기 모습을 드러내지 않는 상황에서 메시지를 전달한다. 등장하는 인물이나 사물이 더러는 상황 또는 사건의 흐름을 통해 시·공간을 넘나들면서 독자를 만나는 것이다. 즉 화자를 내세워 작가가 할 말을 하고 행동하도록 한다. 그에 비해 교술 장르에서의 대표적인 유형인 수필 작품에서는 화자인 작가가 직접 독자를 만난다.

붓 가는 대로 쓰는 게 수필이라 하지만, 수필은 일상적인 삶을 꿰미에 꿰듯 나열하는 식의 신변잡기로 전락하는 걸 당연히 금기시하고 있다. 그 작가만의 사유를 통해, 그 사유가 독자와 공감대를 형성하면서 메시지를 남기는 것으로 수필은 완성된다. 그런 차원에서의 수필 창작과정을 알고 있어서인지, 그녀는 자기 삶을 굳이 안으로 감추지 않고 또 미화하지도 않는다. 있는 그대로 노출한다. 자기를 들어내면서 사유하기 때문에 하희경의 수필은 더욱 빛을 발한다. 그래서 더 감동적일 수 있다.

지금부터 필자는 서슴없이 노출하면서도 문학성이 내재된 하희경의 수필 작업 과정을 좀 더 자세히 들여다보려고 한다. 우선 하희경 수필은 자기 삶을 드러내면서 고백적인 이야기를 소재로 하고 있지만, 흐트러짐 없이 견고하다. 참신하기도 하고 궁금증을 자아내게도 하는 재미 때문에 흡인력이 강하다. 그 수필 작품들을 살펴보기로 한다.

### 2. 하희경의 수필 작품 세계

앞장에서 밝힌 대로 시인과 작가들의 작품이 그렇기는 하지만, 하희경 수필 작품 역시도 한편 한편이 다 자기 경험을, 작품으로 형상화하고 있다. 다시 천명하지만 그녀의 수필은 아예 거르지 않은 채 직설적으로 무의식 세계에서 잠재하고 있던 기억까지를 뱉어내고 있는 느낌이다. 그만큼 작품마다 하희경 수필가 자신의 삶이 진하게 배어 있다. 부모에 대한 기억이나 하나뿐인 남동생과의 언짢은 이야기, 남편과의 만남, 자식의 양육과정, 삶의 후반에 들어서 큰아들의 결혼 이야기까지 가족 이야기를 포함한 모든 수필작품이 다 그렇다. 앞에서 필자는 '하희경의 생애에 대해 따로 들어본 적이 없다'고 밝힌 바가 있다. 그러함에도 불구하고 그녀는 작품 속에서만은 자기 삶을 드러내고 있다. 글로 풀어내면서 자기 치유는 물론 독자까지도 감동시키는 경이로움을 토해내고 있는 것이다. 그것이 신기할 정도이다.

 다 그런 것은 아니지만, 대부분 사람들은 자기 삶을 떠올릴 때, 유년의 기억을 아름답게 미화하기 마련이다. 그런데도 하희경은 자기 유년을 미화하지 않는다. 그래서 필자는, 그녀가 처음에는 아주 평이한 삶을 살아온 걸로 인식했다. 일단은 성격이 비교적 외향적이고 허용적으로도 보였다. 그러나 하희경은 필자와 인간관계가 비교적 돈독해졌는데도 여전히 유년시절 아니, 자기가 살아온 이야기에 대해서 전혀 입을 열지 않았다.

 게다가 그녀는 겸손하기까지 해서인지 내면을 절대 드러내지 않아 눈치를 챌 수가 없었다. 싱긋, 그녀는 한번 웃는 걸로 인사를 다 했다. 하지만 말이 아닌 글로 써낸 작품에서만은 자신의 민낯을 과감하게 드러내는 것이다. 물론 인간이 모태에서 수태되어 열 달 동안 태중에 있는 기간을 기억하는 이는 없다. 그 이후, 세상에 나와 강보에 싸이고, 극진한 부모의 사랑 속에서 성장하면서부터 신체적·심리적·정서적인 분화를 거듭하는 과정에서 자신의 삶을 인식하게 된다. 그 유년의 기억에 대해 자연스럽게 말하기 시작하게 되면서, 그 기억들을 일단은 행복한 추억으로 만들고 싶어 한다.

 그럼에도 불구하고 하희경 수필가는 자신의 삶을 수필작품 또는 시를 통해 형상화 하는 과정에서 독자의 마음을 오히려 아리게 하는 기억으로 만들어, 감동을 뿌려 대고 있는 것이다. 그건 작품 속에서만이라도 아픈 삶의 흔적, 그 기억들을 꺼내어 불행했던 삶을 치유하고 싶은 본능적인 자아가 발현한 것이라고 보아야 한다. 그렇게 문학으로 자기를 실현하는 모습을 바라보노라면 필자를 포함한 모든 독자의 가슴은 그저 멍해질 수밖에 없다.

그 기억 중 필자의 마음을 제일 먼저 아리게 하는 건 아버지에 대한 회상이다. 일반적으로 딸과 아버지와의 관계는 그 어느 경우보다 허물없고 친밀한 데 비해 그녀에게는 부성애가 존재하지 않는다. "난 지금도 이해하지 못한다. 왜 아버지가 툭하면 너 때문에 되는 일이 없다고 한 건지. 궁금했지만, 아버지가 무서워 끝내 물어보지 못했다. 늘 술에 취해 있는 아버지는 조금만 자신의 마음에 거슬려도 버럭 소리부터 질렀다. 때로는 손에 닿는 아무거나 집어던지기도 했다. 언젠가 한 번은 아버지가 던진 재떨이에 콧등을 맞아 정신을 잃은 적도 있었다. 그 사건 이후로 아버지가 마른하늘에 날벼락 치듯 소리치면 내 머릿속은 하얘졌다."

이번에 출간되는 제2부 〈여린 초록 잎에 손을 내밀고〉에 수록된 작품 「생강엿」에서 따온 그녀의 글이다. 그러나 이 한 편뿐만이 아니다. 이런 부친에 대한 고백적인 글들은 수필 전편에 걸쳐 툭툭 튀어나온다. 옛 문헌에 '무불시저부모' 라 했다. 즉 옳지 않은 부모가 없으며 나아가서 자식을 사랑하지 않는 부모가 없다고 했는데 말이다

그런 아버지인데도 제4부 〈파도가 밀려와 몸을 적셔도〉편 마지막 작품 「늦게 핀 인사」에 와서 그녀는 뜻밖에도 하늘에 가 있는 아버지를 애절하게 추억한다. "문득 계신 곳은 편안한지 궁금하네요. 세상 복잡한 일 다 내려놓고 그토록 미워하면서 사랑하던 가족과 못다 한 이야기 나누긴 하시는지요. 언젠가 우리 만나면, 예전과 달리 조금은 수긋해진 저를 반갑게 맞아주실까요. 그동안 하지 못했던 이야기 조곤조곤 나눌 수

있을까요. 하긴 아무려면 어떤가요. 이러니저러니 해도 당신은 제 아버지이고 전 당신 딸인걸요. 잘 지내시길 바라며 늦게나마 생전에 못 드린 꽃 한 송이 올립니다."라고 하면서 회한의 세월을 엮어내고 있다. 하지만 그녀의 가족에 대한 애증은 아직도 끝이 없다, 아버지뿐만이 아니고 어머니와의 관계도 마찬가지이다. 하희경 수필가는 초등학교 졸업식에도 참석하지 못하고 밖으로 내몰린다.

다음 작품은 하희경의 어린 시절 척박하기만 했던 삶을 잘 드러내 준다. "한번은 공장에서 야근할 때, 사장님 생일이라 특별식이 나온다고 했다. 메뉴는 돼지불고기와 김치찌개라고 했다. 명절이나 되어야 겨우 한두 점 먹을 수 있는 고기 생각에 나도 모르게 입 안에 침이 고였다. (중략) 늦은 밤, 재단대 위에 음식이 하나씩 놓였다. 빵과 음료수, 술과 빨갛게 버무린 돼지불고기, 고봉으로 담긴 흰쌀밥과 잡채, 그리고 중앙에 커다란 냄비가 등장했다. 나는 밥그릇 하나 붙들고 김을 뻘뻘 쏟아내는 냄비를 외면한 채, 돼지불고기를 향해 젓가락을 날렸다. 경순이도 같은 마음인지 눈빛이 번쩍였다." 그녀의 수필작품 「뎅 뎅 뎅 오뎅」에 나와 있는 내용이다. 중학교에 진학해 아름다운 꿈과 장래에 대한 희망을 키우면서 공부할 나이에 그녀는 공장에서 막일을 한다.

그러나 하희경 수필가의 가족과의 애증은 여기서도 끝나지 않는다. 바로 그 옆에는 남동생이 있다. 어린 동생이 아니다. 철없던 시절에도 내내 누이를 아프게만 했던 동생이 장성한 후에 찾아와 말한다. 〈"누나한테 할 말 있어!" 큰 소리로 외친다. 무슨 말일까. 또 되지도 않는 사업을 한다고 돈 달라는 걸까. 아니면 장가 안 보내줬다고 떼라도 쓰려는 걸까. 다음 말이 나오길 기다렸다. "누나. 누나는 피, 한 방울 안 섞인 재네들은 돌봐주면서, 왜 나는 안 돌봐줘? 난 누나 핏줄이잖아. 아무 상관도 없는 쟤네들은 먹여주고 재워주고 학교도 보내면서 나한테는 왜 아무것도 안 해주는 건데?")라고…. 이건 수필작품 「약속이 되지 못한 약속」에 담겨 있는 남동생과의 대면 상황이다.

두 아들, 딸의 입양 이야기는 뒤에서 다시 하겠지만 필자는 한 사람의 독자로서 여기까지 작품을 읽으며 다시 가슴이 아프다. 그러면서도 이런 열악한 삶을 살아온 하희경, 그녀가 어떻게 시인으로 또 수필가로 우뚝, 설 수 있었느냐를 생각하면서 경외하는 눈빛으로 바라보게 된다. 참으로 대단한 극복이다. 아니 문학적인 역량이 훌륭하다. 척박한 소재를 택해 작품으로 만들고 있는데도 한편 한편이 주제가 강하고 감동적 수필을 쓰고 있는 그녀를 다시 바라보게 된다,

하희경 수필가는 이번 수필집 『햇살과 바람의 길』까지 시집을 합해 다섯 권의 작품집을, 모두 다 나라에서 지원받아 출간한다. 자비 출판이 아니고, 〈대전문화재단〉과 〈한국예술인복지재단〉의 엄격한 심사과정을 거친 후, 그 작품성이 높이 평가되어 수혜 받는 지원 출판이다.

필자는 학교도 제대로 정규과정을 마치지 못하고 초등학교 졸업 후, 공장에서 일하며 검정고시로 중·고등학교를 마치고 방송통신대학을 졸업했다. 가정적으로 열악하기만 했던 그녀가 그 환경을 극복하고, 이렇게 작품성을 인정받는 작가로 우뚝 설 수 있는가를 생각한다. 필자는, 부모의 무관심과 학대 속에서 성장했지만, 혹시 그 부모로부터 문필가로서의 DNA를 물려받는 게 아닌가 하는 유추를 한 적도 있다. 그렇지 않고는 불가능한 문학적 재능이라는 생각까지를 하고 있는 것이다.

본 수필집에 수록된 작품들과 맥락을 같이 하고 있는 첫 수필집 『민낯』에 발문을 부친 박진희[1]는 니체가 말하는 '낙타' '사자' '어린아이'로 표상한 정신분석학적 이론을 하희경의 수필에 대입하면서 "『민낯』에는 이 3단계의 정신세계가 뚜렷하게 드러나 있다고 했다. 달리 말하면 작가 자신이기도 한 수필적 자아가 정신적으로 성숙하는, 혹은 자아를 고양하는 과정이 구체적으로 드러나 있다는 의미[2]"라고 평가하고 있다.

낙타는 복종하며 짐을 나르는 역할, 사자는 관습적 인식을 파괴하는 정신이 있는데 비해 어린아이는 인식을 파괴하는 사자와 다르고 또 복종만 하는 낙타와도 다르지만, 주어진 상황을 유희하는 정신이 있다고 본 것이다. 특히 저항하고 부정하는 사자에 비해, 있는 그대로의 자기 자신과 세상을 긍정한다는 의미로 어린아이는, 주어진 세계를 놀이로 예술로 창조해낸다는 이론을 하희경 수필에 대입하고 있는 것이다.

그 지적이 아니라 해도 하희경 수필가는 자기 삶을 숨기지 않고 받아들이면서 게다가 적어도 글쓰기에서만은 순응적으로 아니 낙타처럼 복종까지 하면서 작품으로 형상화하고 있다. 필자는 바로 이런 부분에서, 문학작품으로 만들어 낼 수 있는 '유희정신'을 펼쳐내는 천부적 DNA를 바로 부모로부터 내리받은 게 아닌가 할 정도로 하희경의 수필

---

[1] 박진희는 하희경 수필가가 첫 수필 공부를 할 즈음에 수필 문학에 입문을 하게 한 문학평론가이며 대전대학교 교수임.

[2] 하희경 수필집, 『민낯』에 수록 된 발문 <생에 대한 긍정에 이르는 그 가열한 발걸음 P. 256 >, 오름출판사, 2022.

은, 작품마다가 다 가작이다. 이 창작과정은 노력이나 열정만으로는 해석이 불가능하기 때문이다.

그런 긍정적인 자아를 인정하면서 다음 작품 속으로 다시 들어가 본다. "중풍은 많은 변화를 가져왔다. 먼저 오른쪽 시신경이 반 이상 죽으면서 실명을 늦추는 치료를 시작했다. 언제까지 하면 낫는다는 보장도 없는 치료를 위해 병원을 내 집처럼 들락거렸다. 가뜩이나 시원찮은 기억력이 더 형편없어졌다. 어제 한 일을 오늘 잊고, 잘 알고 지내는 사람의 얼굴과 이름이 따로 놀았다. 일찍 늙어버린 혈관이 여기저기 염증을 실어 날랐다. 무릎에서 허리로, 발바닥에서 손가락으로, 염증은 쉬지 않고 나를 휘둘렀다. 발 딛는 곳마다 돌멩이는 어찌 그리 많던지 툭하면 넘어졌다"

앞에 인용한 이 글을 필자는 작품집 제1부 첫머리에 수록되어 있는 작품「에움길에서」따왔다. 하희경에게 오는 수난은 이렇게 어린 시절뿐만 아니다. 한창 이 세상 딛고 일어나 자신을 휘날리며 왕성하게 삶을 구현할 50대에 중풍이 그녀에게 찾아온다. 그것도 눈으로 와 시계가 흐려지는 세상을 살고 있다. 지금도 정기적으로 안과 진료를 받지 않으면 글자가 보이지 않아 독서를 할 수도 없다. 그런데도 첫 수필집에 발문을 부친 문학평론가 박진희의 지적처럼 삶에 순응한다. 거부하지 않고 이 상황에서 벌어지는 장면들을 소재로 택해 '유희정신'을 발휘하는 차원에서 문학작품 창작으로 형상화하고 있다.

다음 글을 읽으면 다시 놀라게 된다. 〈엄마 딸인 그녀는 나와 아버지가 다르다. 언젠가 그녀가 결혼한다고 엄마를 찾아온 적이 있었다. 엄마는 사는 꼴이 이래서 도와줄 수 없다며 무표정하게 앉아있었다. 그녀는 그냥 결혼하는 줄이나 알고 있으라며 힘없이 웃더니 일어섰다. 호기심에 빤히 쳐다보는 나를 보더니 머리를 쓰다듬으며 "내가 언니야, 앞으로 언니라고 부르렴." 하는 말을 남기고 떠났다. 그 뒤 형부라는 사람과 한 번 다녀가더니 편지가 왔다. 편지 내용은 모르지만, 겉봉에 쓰인 주소는 확실하게 기억하고 있었다. 생전 처음 본 언니가 형부랑 산다는 임실이 어떤 곳인지 상상의 날개를 펼친 적이 있기 때문이다.'

하희경의 작품 「쌍화차 한잔」에서 따온 글이다. 그뿐이 아니다. 결혼한 후의 단면도 그녀의 작품을 통해 인식할 수 있다. 다음 작품 「멍게의 선택」에서 인용한 글을 읽어보면 또 가슴이 아리다.

"멍게는 자웅동체다. 겨울 산란을 하고, 유생은 올챙이처럼 눈점과 꼬리를 달고 잠시 바다를 헤엄친다. 그러다 바위나 배의 바닥에 달라붙어 성체로 탈바꿈한다. 이때 사람들이 흔히 "뇌를 먹어치운다"고 말하지만, 정확히 말하면 변태 과정에서 필요 없어진 신경계의 큰 부분이 흡수되어 소멸된다. (중략) 무생물이나 다름없어 보이는 멍게가 살아남기 위해 자신의 몸을 변화시킨다니 놀랍다. 생명의 진화 과정에서 불필요한 것들을 정리하고, 동물적 삶에서 식물적 삶으로의 전환을 과감하게 선택한 멍게의 일생을 보면서 지난날 내가 했던 선택들을 떠올려봤다. 신혼의 단꿈도 모른 채 배불뚝이 몸으로 시댁에서 좌충우돌하던 나도 어쩌면 멍게였나 보다. 식물적 삶을 선택하며 자신의 뇌를 소멸시키는 멍게" 같다고 하며 하희경 수필가는 스스로의 삶을 고백하는 것이다.

얼마를 더 해체해야 하희경의 본모습을 알 수 있는 걸까? 그런 그에게 또다시 남동생이 달려든다. 본 수필집 제3부 〈속이 보이지 않는 강〉에 수록된 작품 「민들레 옆에서」를 읽어보자. 〈주(酒)님과 씨름하다 머리 뚜껑까지 열린 동생이 나를 불렀다. 침대에 누워 "누나! 이제 그만 쉬고 나 좀 돌봐줘. 당장 생활비도 없어." 하면서 어눌하게 웃는다. 동생 통장을 보았다. 5,490원이 찍혀 있다. 나이 육십이 되도록 모아 놓은 게 그것뿐이라니 어이없다. 술에 사로잡힌 영혼 따위와는 가까이하고 싶지 않다. 술에 취해 넘어져 뇌수술하고 중환자실에 누워 있는 건 더더욱 보기 싫다. 하지만 어쩌겠는가.(중략) 현재까지 300만 원인데 추가로 더 나온단다. 5,490원 뒤에 동그라미 서너 개쯤 더 붙었으면 얼마나 좋을까.)

하희경 수필가는 이런 상황을 딛고 일어서면서 지금도 작품을 왕성하게 써내고 있다. 필자가 이 발문을 쓰면서 글제를 자기 해체론으로 붙인 이유가 바로 여기에 있다고 보면 된다. 이런 가운데에서도 그 눈물꽃만 가득한 인생 속에서 웃음꽃이 피어나기를 바라고 있는 하희경의 강함이 드러난다.

하희경은 김양미 작가의 "매운 생에서 웃음만 골라 먹었다." 는 말을 인용하며 "현명한 작가와 달리 우둔한 나는 마치 웃으면 큰일이라도 날 것처럼 눈물만 골라 먹었다. 내 상처가 덧나서, 내 아이들의 상처가 안타까워 울고 또 울었다. 매운 생에서 뒤뚱거리던 순간마다 눈물꽃이 피었다. 눈물꽃은 그 자체만으로도 충분히 아름답다. 하지만 본의 아니게 매운맛을 봐야 했던 내 아이들, 그들의 눈물꽃은 없었던 것처럼 깨끗이 지워졌으면 좋겠다. 그들이 걸어갈 길에는 웃음꽃만 피어나길 가만히 빌어본다."며 간절히 기원하고 있는 것이다. 수필작품「눈물꽃」에 투명하게 나와 있는 이 글을 읽다가 보면, 다시 눈시울이 뜨거워진다.

다음 상황으로 가보자. "30여 년 전에 큰아들을 낳고 아이 둘을 입양했다. 국내의 경우 주로 갓난아이를 입양하는데 어쩌다 보니 네 살 된 아이를 입양하게 되었다. 일반적으로 엄마가 배 아파 낳은 자식은 말하지 않아도 대부분 소통이 잘 된다. 그건 유전자가 같다는 이유도 있지만, 갓난아이 때부터 지켜봐서 원하는 게 뭔지 엄마가 잘 알기 때문이다. 그런데 느닷없이 네 살까지 다른 환경에서 살던 아이와 한 가족이 되었다. 더구나 마음에 입은 상처가 커서 발달장애와 유사자폐라는 진단까지 받은 아이들이었다. 그러다 보니 아이의 행동이 뭘 뜻하는지, 무얼 원하는 건지 알 수 없었다. 결국 치료의 한 방법으로 아이들과 끊임없이 대화하는 방법을 택했다. 그나마 말은 알아듣는 아이들이라 다행이었다."

그녀의 수필 작품 「작은 선택」을 읽으면서 인생을 긍정적으로 받아드리는 하희경 수필가를 보게 된다. 물론 봉사하는 삶을 업으로 생각하고 있는 땅끝 마을 해남 출신 남편이 동의했기에 가능했겠지만, 그녀는 배 아파 난, 첫아들이 있는데도 다시 남매를 입양한다. 그러면서 입양한 두 아이를 잘 양육하기 위해 최선을 다한다. 다음 글을 다시 읽어본다. 이 글을 살펴가며 깊이 생각하노라면 하희경 수필가가 누구인지, 어떤 삶을 살아왔는지를 독자는 확실히 알게 될 것이다.

"돈보스꼬의 집"과 인연 맺은 건, 두 아이를 입양한 뒤부터다. 돈보스꼬의 아이들과 마찬가지로 울타리 없이 떠돌던 두 아이는 날개 부러진 새였다. 난 아이들의 부러진 날개를 어루만지기 위해 이곳에 오기 시작했다. 두 아이가 성장하는 동안 혹시라도 길을 잃게 된다면, 마음 나눌 친구를 만들어 주고 싶었다. 돈보스꼬 아이들과 우리 아이들은 마치 형제처럼 어울렸다. 방학이면 돈보스꼬 아이들이 우리 집에 와서 지내고, 내 아이도 그곳에서 보냈다. 한 아이의 생일은 모두의 생일이어서, 기다렸다는 듯이 파티를 열었다. 나는 파티에 어울리는 장식을 하고 아이들과 친해지고 싶어 풍선 공예를 배웠다. 풍선은 어른, 아이 할 것 없이 모두에게 꿈을 꾸게 한다." 참으로 가상한 삶이지만 누구도 흉내 낼 수 없는 헌신이요 사랑이다.

천사가 아니면 실행할 수 없는 삶을 구현하고 있다. 분명 하희경 수필가 그녀는 천사이다. 어린 시절 열악한 상황에서 성장했기에 정에 굶주린 그녀이다, 그래서 이 가엾은 지경에 빠진 두 아이를 입양할 수 있다고 보아야 한다. 위탁 부모로서의 봉사차원에서 양육하던 아이를 받아들인 것이다. 이런 이론이라면 어린 시절 사랑을 흠뻑 받고 자란 이가 후일에 더 큰 사랑을 베풀 수 있는 정을 가질 수 있다는 말도 맞지 않는다. 오히려 부모의 사랑에 빈곤한 상태에서 성장했기에 돌봄을 받지 못하는 아이를, 둘이나 긍정적으로 수용하는 자아가 형성되었다고 보아야 한다. 이런 잣대로, 다시 하희경이라는 인간의 휴머니즘에 입각한 입장이며, 작품으로서 독자에게 전하는 문학에서의 주제 정신 즉, 메시지를 살펴보기로 한다.

우리 사회는 혈연 중심의 사회로 계승해왔다. 그런데 하희경 수필가는 독자에게, 이를 거부하면서 새로운 가족관계를 형성하는 패러다임을 제시하고 있다. 이런 하희경 수필가의 사유는 그 후 30년 만에 그녀의 큰아들에게서 직시적으로 나타난다. 다음 작품에서 따온 글을 읽으면 바로 알 수 있다.

"아들과 식사하고 커피를 마셨다. 미카가 조용히 방으로 들어가더니 과일을 보기 좋게 썰어 내왔다. 대부분의 일을 가정부에게 시키면서도 손수 간식을 준비해서 권하는 모습이 보기 좋았다. 미카에게서 그린망고 먹는 법을 배웠다. 의외로 맛있었다. 노란 망고만 먹는 줄 알았는데 덜 익은 상태에서도 먹는다니 재미있다. 미카가 필리핀에서는 소금이나 소스를 찍어 먹는다며 서툰 한국말과 몸짓으로 일러준다. 내 입맛에는 노란 망고보다 그린망고가 더 맛있다고 말했다. 미카도 그린망고를 더 좋아한다며 아들이 웃는다." 이글은 제4부에 수록된 작품 「아들을 만났다」에서 따온 글이다. 다음 글도 이어서 읽어보자,

"아들은 미카의 식성이나 하는 행동이 나와 닮은 점이 많다고 한다. 일을 처리하는 방식이나 성격도 엄마하고 비슷하다며 엄마랑 똑같은 토끼띠라고 덧붙인다. 그 말을 들으니 지금은 말이 통하지 않지만 좀 더 시간이 지나면, 잘 통할 것 같아 마음이 놓인다. 모자간의 만남을 위해 세심하게 배려해 주는 이국의 여성이 참 고맙고 아름답다. 엄마가 채워주지 못한 부분을 함께해 준 나이 어린 내 며느리에게 미소로 응답하고 함께 산책했다."

하희경 수필가가 30년 전에 한 선택을 그녀의 아들이 다시 하고 있는 것이다. 필리핀에서 직장 생활을 하는 아들이, 아이가 둘 딸린 미혼모와 결혼해 4인 가족이 되고 다시 두 아이를 출산한다. 이들 모자의 가족 관계 형성은, 혈연이 아니다. 선택이다. 철저한 혈연 중심의 전통적인 유교 사회에서 살아온 우리의 정서와는 맞지 않은 데도 하희경은 아들의 선택을 받아들이고 있다. 물론 그 큰아들의 아버지인, 남편도 받아들이고 있다.

이 발문을 읽는 독자가 수필가 하희경을 바라보는 시각은, 독자마다 각각 다를 것으로 예상은 한다. 그러나 분명한 것은 대를 이어 내려오는 가족구성원에 대한 변이 현상이다. 이를 인정하고 하희경의 수필을 읽어야 감동이 더 클 수 있다.

우리 선배문인들 중에는 양태는 제각기 다르지만 아픔을 극복하고 문인으로 우뚝 선 이들이 많다, 일일이 그 예를 들지 않더라도 곤고한 삶이 문학을 더욱 성숙하게 하는 걸 보아왔다. 하희경 수필가가 바로 그렇다. 열악한 처지, 그 환경 속에서 그녀는 우뚝 서고 있다. 그 삶이 하희경 수필가의 문학을 견고하게 하고 있다. 그녀가 방송통신대학을 졸업하면서, 이렇게 다시 다짐하고 있는 걸 보면 알 수 있다.

"방송대 졸업하게 되면서 내친김에 대학원까지 갈까 잠시 고민했다. 공부를 계속하고 싶었다. 석사가 되고 박사가 되어 보란 듯이 날개를 펼치고 싶었다. 나를 아는 모든 사람에게 개천에서 난 용이 어디까지 날아오르는지 보여주고 싶었다. 그러다가 '만약에'를 떠올렸다. 만약에, 박사과정을 마치고 원하던 선생님이 된다면 나는 행복할까. 내가 정말 원하는 것이 그것인지 확신할 수 없었다. 단순히 못 배운 것에 대한 보상심리는 아닌지. 술에 취한 아버지를 끌다시피 집으로 모시고 갈 때 손가락질하던 동네 사람들에게, 나라는 인간이 사는 모습을 보여주고 싶은 욕망은 아닌지. 어머니가 그토록 뽑아버리려던 잡초가 이렇게 꽃을 피웠다고 뽐내고 싶은 건 아닌지……." 작품「만약에」에서 인용한 글이다. 자신을 구박했던 아버지를 회상하며, 또 어머니를 떠올리면서 마음을 단단히 동여매고 있는 것이다. 어디 그 뿐인가? 그녀는 다시 스스로를

채찍질 하고 있다

"끊임없이 나를 채찍질했다. 아무것도 없는 상황에서 살아남기 위한 선택이었지만, 가만히 앉아 자신을 들여다보는 게 어려웠다. 눈만 뜨면 오늘 할 일이 무엇인지 생각했다. 이제 잠시 멈춰야겠다. '만약에'라는 단어의 굴레에서 벗어나 나를 보살펴야겠다."고 말이다. 그런 그녀가 한 남자를 만나게 되는 것은 운명이다. 바로 그는 일생을 반려자로 살아갈 남편이다.

"서울 변두리에서 동동거리던 풋내기가 해남 땅끝에서 바다를 품고 자란 남자를 만났다. 서울과 해남의 지리적 거리가 만들어 놓은 차이를 짐작도 못 하고 겁 없이 한 쌍이 된 것이다. 살아온 과정도 생각하는 방식도 다른 두 사람이 한 지붕 아래 사는 일은 만만하지 않았다. 단둘만의 생활이었으면 좀 나았을지 모르지만, 고아처럼 살아온 내게 대가족의 민낯은 소란스럽고 버거웠다. 시도 때도 없이 부는 바람처럼 그들은 나를 길들이려 했다. 내가 살아온 방식은 바르지 않고 우리의 방식이 옳다며 며느리는 그렇게 하는 거라고"

하희경 수필가는 어린 시절의 삶이 척박했고, 성장하는 동안도 또 결혼 후에도 내내 이렇게 아픈 삶을 살아왔다, 바로 앞에서 인용한 글에서 알 수 있듯이, 남편과의 만남 이후에도 고난의 세월은 계속되고 있는 것이다. 필자는 수필 작품을 통해 해체되고 있는 삶을 바라보고 있었는데 현재의 삶 역시도 많은 독자의 마음을 아리게 하고 있다. 일생을 이런 삶 속에서 살아온 하희경 수필가다. 다시 밝히지만 그런데도, 그러면 그럴수록, 단단해진 그녀다. 더 좋은 가작 창작을 하기 위해 여전히 꺼지지 않는 열정으로 서슴없이 자기를 해체하는 수필 창작으로 독자에게 큰 울림을 주는 글을 써내고 있다. 이런 고백이 아직도 끝난 것은 아니다. 단, 지금까지 필자가 다루지 못한 수필집 『햇살과 바람의 길』 에 수록된 여타의 수필 작품들은, 직접 독자가 그 속으로 들어가 감상해주기 바란다.


### 3. 나가는 말

 필자는 지금까지 하희경 수필가의 수필작품을, 한 사람의 독자로서 수용하는 입장에서 읽으며 한 편, 한 편을 살펴보았다. 그 느낌이 아직도 가슴을 멍하게 한다. 그만큼 하희경 수필가의 작품이 주는 감동이 컸다. 필자는 아직도 그녀의 작품 속에 갇혀 있다. 아리기까지 한 가슴을 어루만지며 작품의 내면으로 여전히 흡입되고 있다.
 물론 작가가 독자에게 주는 작품이 주는 감동은 임의적이다. 또한 그 작품을 독자가 수용하는 정도도 달라 저마다 다르게 수용되기 마련이다. 감동의 크기가 다를 수밖에 없다는 걸 감안하면서도 여전히 필자는 하희경 수필에서 헤어나지 못하고 있다.
 본 수필집 『햇살과 바람의 길』에 수록되어 있는 총 48편을 초고 때부터 거듭 읽었고, 읽고 다시 거듭해 정독하면서의 느낌을 한마디로 말하면 '감동'이다. 주관적이기는 하지만 솔직한 한 사람의 '독자'로서의 고백이다. 바라기는 다른 독자들에게도 하희경 수필가의 고백이 가슴 속 깊은 심연까지 스며들기를 바란다. 필자는 분명 고백인데도 그 고백이 신변잡기로서의 소소한 이야기가 아니고 작가의 사유가, 곧바로 읽는 이의 마음을 흔들고 있기에 그 속으로 빠져들 수 있을 거라고 믿는다.

　이렇게 하희경의 작품에 의해 독자는 매몰될 수 있다는 시사점을 받으며 필자는 이글을 마무리하는 의미에서 하희경 작가를 마지막으로 잠시 추적해본다. 하희경 수필가는 62년 전인 1963년에 서울에서 출생한다. 서울내기이다. 신길동 빈촌에서 태어나 신림동으로 이사해 그곳에서 성장했다. 그녀는 2025년 올해, 우리 나이로 63세, 만 나이로는 62세이다. 현 시대를 사는 많은 이들이 백수를 누리는 세상이 일반화될 거라고 말하고 있다. 그런 측면에서 앞으로 지속적으로 발표되는 하희경 수필가의 주옥과 같은 작품들이, 앞으로 필자 말고도 또 얼마나 많은 독자들의 심금을 울려 줄 수 있을까 하는 생각을 한다.

　다시 말하지만 50대 중반의 나이에 늦게 서야 짧은 습작기를 거쳐 문단에 나온, 그저 겉으로 보기에는 소탈하기만 한 하희경 수필가이다. 다른 사람과 경계를 두려고도 하지도 않고 허용적인 사람이다, 비교적 아담한 체구를 가진 전형적인 여류인데도 사유는 자유분방하다. 사유의 세계가 무한대다. 글을 구성하는 힘이 아주 강하다. 묘사와 서사력도 뛰어나다. 무엇보다도 자기를 해체하는 걸 두려워하지 않는 사람이다. 화산처럼 작품을 분출하는 내공의 힘이 어디에서부터 오는지 다시 생각해도 참 불가사의하다. 그 힘이 자기를 해체하는데서 오는 걸까?

　필자는 하희경 수필가의 이런 창작력이 앞으로 당분간은 지속될 것으로 본다. 100세, 아니 120세를 사는 세상이니 아직도 40년은 건재할 수 있으리라고 본다. 이제는 아버지와 어머니에 대한 유년의 기억에서 벗어나, 두 분이 물려준 문학 창작 DNA만을 고맙게 생각하면서 더욱 정진하는 수필가로 거듭날 것을 당부하며 무딘 붓을 내려놓는다.

글로우문 산문선 001
## 햇살과 바람의 길

2025년 11월 18일 초판 1쇄 발행

지은이 | 하희경 이사벨라
펴낸이 | 권용관
펴낸곳 | 글로우문
주   소 | 대전광역시 중구 유천로 102번길 53 101호
전   화 | 042-482-7470
팩   스 | 042-524-7470

출판등록 | 제 365 - 2024 - 0000004호
전자우편 | glowmoon0217@gmail.com
ⓒ 하희경 이사벨라, 2025
ISBN 979-11-995675-1-1

° 파본은 구입처에서 교환해 드립니다.
° 이 책 내용의 전부 또는 일부를 재사용하려면 저자와 글로우문 양측 동의를 받아야 합니다.
° 이 책은 대전문화재단 에서 발간비를 지원 받았습니다..